Stefan Kessler
Europäisches Feng Shui für eine neue Wohnkultur

Stefan Kessler

Europäisches Feng Shui
für eine neue Wohnkultur

Zwischen Tiger und Drachen grast die Kuh

orell füssli Verlag AG

© 2007 Orell Füssli Verlag AG, Zürich
www.ofv.ch
Alle Rechte vorbehalten

Dieses Werk ist urheberrechtlich geschützt. Dadurch begründete Rechte, insbesondere der Übersetzung, des Nachdrucks, des Vortrags, der Entnahme von Abbildungen und Tabellen, der Funksendung, der Mikroverfilmung oder der Vervielfältigung auf andern Wegen und der Speicherung in Datenverarbeitungsanlagen, bleiben, auch bei nur auszugsweiser Verwertung, vorbehalten. Vervielfältigungen des Werkes oder von Teilen des Werkes sind auch im Einzelfall nur in den Grenzen der gesetzlichen Bestimmungen des Urheberrechtsgesetzes in der jeweils geltenden Fassung zulässig. Sie sind grundsätzlich vergütungspflichtig.

Umschlagabbildung: © Prisma (Jeff Oshiro)
Umschlaggestaltung: Andreas Zollinger, Zürich
Fotos: Stefan Kessler und Regula Wetter
Autorenfoto: Gaby Müller, Mels
Druck: fgb • freiburger graphische betriebe, Freiburg

ISBN 978-3-280-05246-4

Bibliografische Information der Deutschen Bibliothek:
Die Deutsche Bibliothek verzeichnet diese Publikation in der Deutschen Nationalbibliografie; detaillierte bibliografische Daten sind im Internet über http://dnb.d-nb.de abrufbar.

Dieses Buch widme ich Regula in tiefster Liebe

Inhalt

Vorwort 9

Prolog 11

Einführung 14
    Die Wurzeln: Chinas Philosophie 14
    Wohnpsychologie und andere verwandte Gebiete 18
    Ost – West: Europäisches Feng Shui? 25
    Was ist gute Architektur? 31
    Was ist Kunst? 35
    Was ist gutes Feng Shui? 36
    Was soll mit gutem Feng Shui erreicht werden? 37
    Anwendungsbereiche 38
    Was ist ein guter Feng Shui-Berater? 40

Grundlagen 45
    Chi, die universelle Kraft 45
    Die Polarität von Yin und Yang 51
    Fünf Kräfte – fünf Elemente 54
    Die Weisheit des I Ging 63
    Spiegelgeschichten und Hermes Trismegistos 73
    Analoges Denken 75
    Das Wichtigste: Die Achtsamkeit 76
    «Bunt ist meine Lieblingsfarbe» – Farblehre 78
    Zahlen erzählen: Numerologie 95

Formenlehre.	106
Im Westen: Zahl, Mass und Proportion	112
Bionik – die Natur als Vorbild	114
Geomantie – Radiästhesie.	117

Praxisteil 121

A) Feng Shui in der Projektentwicklung	121
Standort- und Grundstücksanalyse	122
Gliederung und Ausrichtung der Baute	123
Die Aufnahme des Hauses: Die Türe	126
Die Bauform: Fassadengestaltung	128
Was ist ein guter Grundriss?	130
Farbkonzepte, Materialwahl	135
Die Umgebung	136
B) Feng Shui bei bestehenden Bauten	138
Die Bedeutung einzelner Räume	138
Die acht Lebensbereiche	141
Bunt oder weiss?	149
Das Licht der Bewusstheit	149
Möblierungskonzepte	151
Feng Shui und Kunst	152
C) Am Anfang war das Entrümpeln	155
Was ist «Gerümpel»?	155
Auswirkungen des Gerümpels	156
Was hindert uns am Räumen?	157
Systematisches Ausmisten	157
Westliche Astrologie und Feng Shui	159
Astro-Kartografie	160
Standortastrologie	160
Wohnbedürfnisse astrologisch betrachtet	160
Der richtige Zeitpunkt	162

Die 21 häufigsten Fragen 163

Epilog 168

Hoffnung 169

Dank 169

Ausblick 170

Anhang 171
    Angaben zum Autor 171
    Literaturverzeichnis 171
    Links 176

Vorwort

In der Gestalt zeigt sich der schöpferische Ausdruck des Menschen, er erkennt sich in seinem Handeln wieder. Der Raum wird zum Ort der persönlichen Resonanz – in geistiger, seelischer und körperlicher Empfindung. Wir erkennen uns in der Mitwelt, denn in der Begegnung zwischen Kultur und Natur entwickelt sich Kulturlandschaft: ein Raum der persönlichen wie kollektiven Verwirklichung unseres Lebens.

Demnach sind ländliche wie städtische Landschaften Orte der Selbsterkenntnis und der persönlichen Reflexion. Speziell der persönliche Wohnort, das Haus oder die Wohnung wird zur Partnerin, zum Partner des Selbstausdrucks. Lassen wir uns auf eine ganzheitliche Begegnung mit ihrer/seiner Seele ein, werden wir unserer eigenen Seele begegnen. Wir finden uns alsdann im Spiegel unserer menschlichen wie unserer räumlichen Beziehungen. Öffnen wir unsere Herzen und Köpfe für unsere Mitwelt, fühlen wir uns in das Leben ein und wir werden mit der Sensibilisierung unserer Wahrnehmung wachsen. Mit der Evolution der Erde mitgehen, denn als ein Seelenteil der Erde sind wir eng mit ihr verbunden. Widersetzen wir uns nicht der Einladung der Erde, gemeinsam mit ihr zu gestalten und zu wachsen, sondern horchen wir auf ihre Empfehlungen!

In einer Zeit, in welcher einerseits die zunehmende Entfremdung gegenüber der Gaia (dem Wesenhaften der Erde) spürbar wird, andererseits die virtuellen Welten wachsen, hilft uns die Achtsamkeit gegenüber den Lebens- und Seelenkräften, unsere Mitte zu finden. Vertiefen wir die bewusste Beziehung zum Raum, atmen und verwurzeln wir uns mit der Erde, so entwickelt sich eine kooperative Beziehung. Eine wunderbare Erweiterung unserer Sichtweisen stellt sich ein und stärkt die persönliche Zufriedenheit. Wir unterstützen die Persönlichkeitsentwicklung und zugleich die Evolution von Erde und Kosmos.

Unbewusste Prozesse werden bewusst, die Achtsamkeit nimmt zu – gegenüber unseren Mitmenschen wie gegenüber der Erde.

In diesem Sinne bietet das vorliegende Buch eine einfühlsame Unterstützung unserer Beziehungsarbeit. Mit Offenheit und Toleranz hilft es den östlichen Weg des Feng Shui zu verstehen, ohne ihn eins zu eins auf den westlichen Kulturkreis zu übertragen. Es vertieft, macht bewusst, arbeitet die verbindenden Aspekte heraus. Darüber hinaus trägt es dazu bei, die Essenz, den spirituellen Kern zu finden. Jene Quelle, die alles miteinander verbindet: Mensch wie Raum. Die zur Mitte führt, dem Ort des Seins, der Ruhe und des inneren Friedens.

Erwin Frohmann, Frühjahr 2007
Professor am Institut für Landschaftsarchitektur
Departement für Raum, Landschaft und Infrastruktur
Universität für Bodenkultur, Wien

Prolog

«Man kann einen Menschen mit einer Wohnung genauso töten wie mit einer Axt.»
Heinrich Zille, deutscher Maler, 1858–1929

«Noch ein Buch zu Feng Shui!», denken Sie vielleicht. Recht haben Sie! Es gibt inzwischen Unmengen Literatur zu diesem Thema. Deshalb habe ich mit dieser Publikation auch lange zugewartet.

Mein Erstling sollte nicht Altbekanntes wiederkäuen (gleich der im Untertitel erwähnten Kuh), sondern eine neue Perspektive aufzeigen. Insofern habe ich mich auf ein Abenteuer eingelassen: eine Vorliebe, die dem chinesischen Sternzeichen des Tigers nachgesagt wird. Die Herausforderung besteht darin, Feng Shui auf die europäische Kultur zu beziehen. Ich hoffe, ich hatte dabei eine glückliche Hand: eine Fähigkeit, welche dem Drachen zugeschrieben wird. Und Sie wissen nach der Lektüre, dass hinter Feng Shui (wörtlich «Wind und Wasser») mehr steht als ein aktueller Einrichtungstrend.

Einladung zur Reflexion
Ich lade Sie ein zu einer vertieften Auseinandersetzung mit der Architektur. Damit meine ich Wohnen und Bauen in einem ganzheitlichen Sinne. Architektur betrifft uns alle, selbst wenn wir uns nicht professionell mit Immobilien beschäftigen. Wir sind ständig von Architektur umgeben, können uns ihrer Wirkung kaum entziehen. Auch wenn die Auswirkungen eher unbewusst denn tödlich verlaufen (vergleiche das einleitende Zitat), zeitigen sie doch nachhaltige Folgen. Wenn Sie am Ende der Lektüre Ihren Arbeitsplatz mit anderen Augen sehen, ja Ihre gesamte gebaute Umgebung, würde mich dies freuen.

Unterschiede erkennen
Ein grosses Anliegen ist mir die Unterscheidung zwischen dem ernsthaften, ehrlichen Feng Shui (das sich ständig weiterentwickelt) und dem unterhaltsamen Feng Shui (welches dem Life Style huldigt). Letzteres taucht gelegentlich in der Boulevard-Presse auf, mit Empfehlungen wie derjenigen, stets den WC-Deckel zu schliessen, da ansonsten ein Energieabfluss stattfindet. Eine Massnahme die sich aus hygienischen und ästhetischen Gründen ohnehin empfiehlt.

Andererseits vertritt das klassische Feng Shui eine undifferenzierte, fatalistische Sicht, welche für Europäer nur schwer nachvollziehbar ist. Ich sehe darin eine Parallele zur westlichen Astrologie, die sich anfangs des 20. Jahrhundert emanzipierte und eine eigene Richtung einschlug: weg vom Schicksalsergebenen hin zu einer seriösen, psychologisch fundierten Astrologie. Dieser Ansatz berücksichtigt den freien Willen, Selbstverantwortung und Veränderungen.

Der Aufbruch hat bereits begonnen. Westliche Experten praktizieren erfolgreich das moderne Feng Shui, eine Disziplin mit Tiefgang.

Synthese bilden
Ein Grabenkrieg zwischen der traditionellen westlichen Architektur und Feng Shui, analog der Bekämpfung zwischen Alternativ- und Schulmedizin, ist zu vermeiden. Vielmehr soll eine Synthese angestrebt werden. Dies geschieht durch gegenseitiges Verständnis und Lernen. Vom Resultat profitieren alle: die Umwelt, wir selbst und unsere Nachkommen. Gerade in einer Zeit, wo Isolation, Entfremdung, Beziehungslosigkeit und Kälte vorherrschen, ist es wichtig, einen Anlaufpunkt, Geborgenheit, ein Daheim, eine Oase des Friedens zu haben. Warum sprechen die Bauten von Friedensreich Hundertwasser so viele Menschen an? Weil man hier Fröhlichkeit, Wärme und Herz spürt!

Konzentration auf unsere Kultur
Das chinesische Feng Shui hat seine Grenzen. Es kann und darf nicht tel quel übernommen werden. Wir haben eine andere Kultur und Geschichte, andere Symbole und Werte. Die drei chinesischen Heiligen Fuk, Luk und Sau stehen für Glück, Wohlstand, Überfluss und Gesundheit. Selbst mit dieser Information

sprechen sie uns Europäer nicht sonderlich an. Wir sehen darin höchstens ein Reisesouvenir ... Gewisse Dinge können wir nicht transferieren, die Umsetzung funktioniert nicht. Ich plädiere deshalb für folgendes Motto: «Prüfet alles und behaltet das Beste!».

Meine weitere Einladung gilt der Beschäftigung mit unserer westlichen Kultur: Ich möchte in Ihnen die Neugierde und Lust wecken, sich vermehrt den hiesigen Schätzen zuzuwenden, etwa der Geomantie. Dies mit dem Ziel, ein «Europäisches Feng Shui» zu entwickeln.

Affoltern am Albis, Herbst 2007
Stefan Kessler

Abbildung 1: Die drei Hausgötter: Fuk, Luk und Sau, welche in keinem chinesischen Haushalt fehlen dürfen.

Einführung

«In China gibt es nur drei Religionen, aber hundert Reis-Gerichte.»

Redewendung

Die Wurzeln: Chinas Philosophie

Dass Feng Shui aus China stammt, ist allgemein bekannt. Ebenso wie die Tatsache, dass der Begriff übersetzt «Wind» (Feng) und «Wasser» (Shui) bedeutet. Was aber nur wenige wissen, ist der Umstand, dass Feng Shui seine Wurzeln im Taoismus hat. Mit anderen Worten: Ohne das Verständnis für das taoistische Denken kann Feng Shui nicht in seiner ganzen Dimension erfasst werden. Gleichzeitig wird dadurch auch klar, dass es nicht bloss um das Verrücken von Möbelstücken oder das Anbringen einer Kristallkugel geht. Hinter Feng Shui steht eine Lebensphilosophie! Dieser philosophische, spirituelle Hintergrund bildet den grossen Unterschied zur westlichen Architektur. Ob nun Feng Shui eine 5000 oder 4000 Jahre alte Tradition ist, spielt dabei eine untergeordnete Rolle.

Vielmehr interessiert uns, wo die geistigen Wurzeln des Feng Shui liegen. Eine Redewendung besagt, dass der Chinese eine konfuzianische Mütze, ein taoistisches Gewand sowie buddhistische Sandalen trägt. Tatsächlich kann die chinesische Philosophie in drei Hauptströmungen eingeteilt werden. Sie sind alle etwa zur gleichen Zeit entstanden:

Taoismus
Neben dem Konfuzianismus und dem Buddhismus gehört der Taoismus zu einer der «Drei Lehren», welche China massgeblich prägen. Der Taoismus wird

als eigene und authentische chinesische Philosophie, ja als Religion betrachtet. Er beeinflusste in China die ganze Kultur, sei es die Politik, Wirtschaft, Philosophie, Literatur, Medizin, Kunst, Kampfkunst oder Feng Shui. Wann genau die taoistische Lehre entstand, gilt als unklar. Lange ging man davon aus, dass *Laotse* der Begründer war. Laotse ist sicherlich einer der grössten und legendärsten Denker Chinas. Allerdings zeigen historische Forschungen, dass über ihn praktisch keine gesicherten Quellen existieren. Er soll im 6. Jahrhundert vor Christus gelebt haben, zur gleichen Zeit wie Konfuzius und Gautama Buddha. Das wichtigste Werk – gleichzeitig die Gründungsschrift des Taoismus – ist das geheimnisvolle Buch «*Tao Te King*» *(Daodejing)*. Die Sammlung humanistischer sowie metaphysischer Aphorismen wird Laotse zugeschrieben.

Wie sind die Sinnessprüche entstanden? Gemäss Legende soll sich Laotse wegen Kriegsunruhen in die Berge zurückgezogen haben. Der Grenzwächter des Bergpasses Shan-Gu forderte ihn auf, seine Weisheit nicht der Welt vorzuenthalten. Laotse kam dieser Bitte nach und verfasste daraufhin den «Tao Te King». Nach der Niederschrift verschwand Laotse im Westen, in Indien oder Tibet. Die heutigen Versionen basieren auf der Fassung des Gelehrten *Wang Bi*, welcher um 250 nach Christus gelebt hat. Sie gilt als das Richtmass. Zentrales Thema ist das Tao: der Weg, die Ordnung der Natur sowie das «Wu Wei», das «Nicht-Handeln». Letzteres im Sinne von: «Das Tao handelt nicht, doch nichts bleibt ungetan.» Heute gibt es unzählige, zum Teil stark abweichende Varianten und Übersetzungen. Die ersten Übersetzungen ins Deutsche datieren von 1870. Viele Kommentare und Zitate gründen auf der 1911 entstandenen Übersetzung des deutschen Sinologen, Theologen und Missionars *Richard Wilhelm*. Neuere Übersetzungen haben den Vorteil, dass sie in eine verständliche, moderne Sprache gefasst sind. Ob Laotse nun tatsächlich gelebt hat oder nicht, ob er den «Tao Te King» verfasst hat oder nicht, kann nicht abschliessend beantwortet werden. Was würde es ändern an dieser grossartigen Philosophie? Für die vertiefte Auseinandersetzung mit Feng Shui ist sie jedenfalls unabdingbar. Zu erwähnen sind neben Laotse noch zwei weitere grosse Denker des Taoismus: *Dschuang Dsi (Zhuangzi)* und *Liä Dsi (Liezi)*. Beide entwickelten die Lehre weiter.

Die taoistische Schule wandelte sich anfangs des dritten Jahrhunderts zu einer – allerdings wenig ausgeprägten – Religion. Die Unterscheidung zwischen Taoismus als Religion und dem Taoismus als Philosophie ist relativ unscharf.

Konfuzianismus

Der Konfuzianismus wurde von *Konfuzius* begründet. Er lebte etwas 551 bis 479 vor Christus und gilt als einer der einflussreichsten Denker und Philosophen Chinas. Konfuzius gründete eine Schule für Philosophie, war aber kein Prophet, sondern Chinas erster Volkserzieher und Soziologe. Seine Philosophie ist eine Lebenshaltung, keine Religion. Mit religiösen Fragen befasste er sich nicht, er war auch kein Theoretiker.

Bei aller Achtung darf nicht übersehen werden, dass Konfuzius ein distanziertes Verhältnis zu Frauen hatte und sie als Menschen zweiter Klasse betrachtete. Der bedeutendste Nachfolger Konfuzius' war *Mencius* (lat. Form), er wirkte um 300 vor Christus. Er reformierte, erneuerte und entwickelte die Lehren, so dass der Konfuzianismus zur chinesischen Staatsreligion aufsteigen konnte. Worin bestehen die Unterschiede zwischen Laotse und Konfuzius? Laotse formt den Menschen, Konfuzius den Staat. Die Philosophie des Laotse hat gegenüber Konfuzius einen metaphysischen Charakter.

Chan Buddhismus

Der Chan-Buddhismus (japanisch: Zen-Buddhismus) entstand ebenfalls in China, ungefähr im 5. Jahrhundert nach Christus. Er entsprang dem indischen Mahayana-Buddhismus, welcher stark vom Taoismus geprägt wurde. Der chinesische Name «Chan» stammt aus dem Sanskritwort «Dhyana», das man als «Versenkung» übersetzen könnte. Wie kam der Buddhismus nach China? Der 28. Nachfolger Buddhas, der indische Mönch *Bodhidharma*, verliess um 480 nach Christus Indien und reiste nach China. Er liess sich in der Provinz Henan nieder, wo sich auch das sagenumwobene Shaolin-Kloster befindet. Dort lehrte Bodhidharma den Mahayana-Buddhismus. Er legt in diesem Kloster auch die Keimzelle zur chinesischen Kampfkunst.

Nach Japan gelang das Zen ab dem 12. Jahrhundert. Es erhielt dort eine neue Ausprägung. Das im Westen bekannte Zen stammt vielfach aus dem Japanischen. Was hat Zen zu bieten? Nichts: keine Lehre, kein Geheimnis, keine Antwort. Wie sagt ein Zen-Meister: «Ich würde gerne irgendetwas anbieten, um dir zu helfen, aber im Zen haben wir überhaupt nichts»? Oder deswegen gerade viel?

Zusammenfassung
Welches sind nun die wesentlichen Unterschiede zu unserer westlichen (griechischen) Philosophie?
- ganzheitliche Wahrnehmung anstelle unserer analytischen, an Details orientierten Sicht,
- zyklisches statt statisch-lineares Denken (Ursache und Wirkung),
- unterschiedliche Lehren werden nicht als Widerspruch betrachtet,
- Tradition der Meister (dadurch auch Fixierung auf diese).

Gemäss Hans Joachim Störig («Kleine Weltgeschichte der Philosophie», 2006) können die Elemente der chinesischen Philosophie folgendermassen charakterisiert werden:

Harmonie
Grundmotiv des chinesischen Denkens ist die Harmonie: Mass der Mitte, Goldene Mitte, «Einklang von Mensch und Natur». Dies entspricht auch dem Feng Shui.

Abneigung gegen Extreme
Jegliche Art von Einseitigkeit wird abgelegt. Es gibt kein Entweder-oder, sondern nur das Sowohl-als-auch. Die Chinesen bleiben nicht in der Polarität stecken, sondern sehen darin eine Wechselwirkung, ja deren Bedingtheit. Im Feng Shui vermeidet man zudem jegliche Extreme (Form, Farbe und Material).

Toleranz
Widersprüche werden einander nicht gegenübergesetzt, sondern vereint. Durch diese Haltung der Synthese konnten die drei geistigen Hauptrichtungen nebeneinander existieren.

Diesseitigkeit
Das Denken und Handeln konzentriert sich auf das Hier und Jetzt (Diesseits).

Humanismus
Bei allen chinesischen Denksystemen steht der Mensch im Mittelpunkt. Auch bei Feng Shui ist das so. Das Ganze dreht sich um die Bewohner, nicht um den Bau oder den Architekten! Feng Shui fordert deshalb einen «Neuen Humanismus in der Architektur» (Gernot Böhme, 2006).

Sozialethik und politische Philosophie
In der chinesischen Philosophie dominiert die Ethik. Es geht um das richtige Handeln. Der Mensch wird nicht nur als ein Teil der Natur, sondern auch als ein Teil der Gemeinschaft betrachtet (Familie, Gemeinde und Staat). Daraus entsteht die Sozialphilosophie.

Seelenfrieden
Seelenfrieden entsteht aus der inneren Ausgeglichenheit, dem Masshalten und der Genügsamkeit.

Im Feng Shui spielen Intuition, Spiritualität sowie die Naturverbundenheit eine wichtige Rolle. Deshalb wird es häufig in die Esoterikecke gedrängt. Dabei signalisiert Feng Shui Öffnung! Es hat erkannt, dass alles miteinander verbunden ist: Mensch und Kosmos (morphogenetische Felder, das kollektive Unbewusste). Darüber hinaus gibt es im chinesischen Denken eine Schrift, mit welcher sich alle drei Philosophien beschäftigen. Sie ist für das Feng Shui von besonderer Bedeutung: das Buch der Wandlungen, das «I Ging».

Wohnpsychologie und andere verwandte Gebiete

«Niemand kann sich der Architektur und ihrer Wirkung entziehen, sie wirkt auf unser Verhalten, unsere Wahrnehmung und unsere Gefühle.»
Günter Hertel, Architekturpsychologe

Während Sie diese Zeilen lesen, befinden Sie sich im Wohn-, Arbeits- oder Schlafzimmer. Sie sind umgeben von gestaltetem Raum, Möbeln und Dekor-

Objekten. Sind Sie sich bewusst, dass diese Umwelt Einfluss auf Sie, auf Ihre Stimmung hat? Wir sind den ganzen Tag von Architektur umgeben: Zu Hause, am Arbeitsplatz, in der Stadt, im Theater, Kino, Restaurant usw. Architektur geht uns alle an, wir können uns ihrem Einfluss nur bedingt entziehen. Schlechte Architektur könnte man überspitzt somit als «visuelle, kinästhetische Umweltverschmutzung» bezeichnen ...

Wie nehmen die Architekten diese gesellschaftliche Verantwortung wahr? Zu Recht stellte *Winston Churchill* fest: «We give shape to our buildings, and they, in turn, shape us.»

Macht Architektur krank oder aggressiv? Zunächst sei festgehalten: Innen- und Aussenräume wirken, ebenso wie Farben! Eine ungünstige Umgebung kann Dauerstress verursachen, dieser führt im Extremfall zu Beeinträchtigung der Gesundheit oder zu Krankheit. Umgekehrt: Was für einen Einfluss haben bauliche Konzepte auf die Genesung, zum Beispiel in Spitälern, Kliniken oder Rehabilitationseinrichtungen? Wie ist das Verhalten und Wohlbefinden in öffentlichen Bauten, in Schulhäusern oder Kongresszentren? Wo wird effizienter gearbeitet? In welchen Räumen wird kreatives Schaffen gefördert? In welchen Bürotypen sind die Absenzen und Fluktuationen geringer, dafür die Motivation grösser? Diesen Fragen geht (neben Feng Shui) auch die Architekturpsychologie nach.

Das Ende einer Utopie: Pruitt Igoe

Zu lange wurde die Wohnungsproduktion ausschliesslich unter ökonomischen, technischen, allenfalls ästhetischen Aspekten betrachtet. Die psychologische Dimension blendete man komplett aus. Als ob nachher Roboter einziehen würden ... Nachstehend ein Beispiel:

Die Sozialsiedlung Pruitt Igoe in St. Louis (Missouri, USA) des amerikanischen Architekten *Minoru Yamasaki* wurde 1950 bis 1954 erstellt. Sie bestand aus 33 identischen Wohnskulpturen mit je 11 Geschossen. Die Wohnanlage umfasste 2780 Wohnungen. Sie galt als grandiose Innovation, um sich später als Hort von Vandalismus und Kriminalität zu entpuppen. In nur wenigen Jahren verwandelte sich die ganze Überbauung in ein Ghetto. In einen Unort, in dem nur noch wenige Menschen wohnen wollten. Die Nachbarn zogen weg, die Infrastruktur zeigte Mängel, es fehlte an Identifikation. Die Architektur provozierte genau das, was man eigentlich verhindern wollte! Schlussendlich wurde 1972 der gesamte Komplex abgerissen bzw. gesprengt. Dieser Akt wird als Geburtsstunde der Architekturpsychologie betrachtet – und als das Ende der funktionalistischen Moderne.

Als eigenständiges Fachgebiet war die Architekturpsychologie bereits früher bekannt. Verschiedene Forschungsprogramme, Tagungen, Kongresse, Fachzeitschriften zu diesem Thema markierten den Start dieser neuen Fachdisziplin. So erschien 1965 das Buch des deutschen Psychoanalytikers *Alexander Mitscherlich:* «Die Unwirtlichkeit unserer Städte – Kritik an der Zerstörung gewachsener Strukturen in der Stadtentwicklung der Nachkriegszeit».

Architekturpsychologie, Wohnpsychologie, Architektursoziologie: die Begriffe sind nicht klar definiert. Die nachstehende Tabelle liefert eine Übersicht und versucht die einzelnen Gebiete voneinander abzugrenzen:

Architektur-psychologie	• Beschäftigt sich mit der Wirkung von Gebäuden auf das Erleben und Verhalten von Menschen. Ziel ist ein besseres Wohlbefinden, eine gesteigerte Arbeits- und Lernleistung. • Im Zentrum steht die gesamte Architekturleistung (Innen- und Aussenraum). • Weitere Themen: Architektur und Kriminalität.
Wohn-psychologie	• Konzentriert sich ausschliesslich auf Wohnräume, insbesondere auf die Gestaltung der Innenräume bzw. die Wechselwirkung auf die Psyche. • Im Zentrum stehen Wohnbedürfnisse, Wohnzufriedenheit, Wohnwünsche. • Weitere Themen: Wohnumwelt und Gesundheit.
Architektursoziologie Ein junges Gebiet, das allerdings noch keine selbstständige Disziplin ist.	• Richtet den Fokus auf die Phänomenalität des Gebauten, auf Aussagen der Architektur und deren Effekte sowie die Architektur als Spiegel der Gesellschaft. • Im Zentrum steht die symbolische Interaktion zwischen den Akteuren. • Neues Thema: Die Einflussnahme der Architektur auf soziale Prozesse innerhalb einer Überbauung.

Tabelle 1: Abgrenzung der Architekturpsychologie gegenüber der Wohnpsychologie und der Architektursoziologie

Zu den bekanntesten Architekturpsychologen im deutschen Sprachraum zählen: Antje Flade, Hans Joachim Harloff, Günter Hertel, Alfred Lang, Riklef Rambow, Peter G. Richter und Rotraut Walden.

Was bedeutet eigentlich «Wohnen»?
Wohnen ist ein Grundbedürfnis. Ein gesundes, zufriedenes, menschenwürdiges Leben bedingt die Abdeckung dieser Grundbedürfnisse. Je nach Land bildet das Mietrecht deshalb auch ein Politikum! Allerdings sind die Grundbedürfnisse nicht fest zementiert, sie unterliegen einem gewissen Wertewandel!

Der amerikanische Psychologe *Abraham Harold Maslow* hat in seinem 1954 veröffentlichten Buch «Motivation und Persönlichkeit» ein hierarchisches Stufenmodell menschlicher Bedürfnisse, die sogenannte Bedürfnispyramide, vorgestellt. Maslow geht davon aus, dass erst dann, wenn eine Stufe erreicht ist, die nächsthöhere Stufe angestrebt werden kann.

Nachfolgend wird dieses Modell den Wohnbedürfnissen gegenübergestellt (Reihenfolge: von unten nach oben. Die Folgen ausbleibender Erfüllung markiert auf der linken Tabellenseite jeweils ein Pfeil).

Maslow-Bedürfnispyramide	**Wohnbedürfnisse**
Spiritualität: Überindividuelle Ebene, Zugehörigkeit zu etwas Grösserem, Höherem	
Individualität, Talententfaltung, Berufung, Altruismus, Güte, Kunst und Philosophie. → Sinnlosigkeit	Eigener Raum (Eigentum) Gestaltungsmöglichkeiten Bedürfnis nach Schönheit, Design
Soziale Anerkennung (Wertschätzung): Selbstvertrauen, Freiheit, Status, Wohlstand, Geld, Macht, Karriere, sportliche Siege, Auszeichnungen, Statussymbole und Rangerfolge. → Minderwertigkeit, Hilflosigkeit	Repräsentation durch Wohnen, (Wohnung oder Haus als Mittel zum Zweck), standesgemässes Wohnen

Maslow-Bedürfnispyramide	Wohnbedürfnisse
Soziale Bedürfnisse, Beziehungen: Zugehörigkeit, Familie, Freundeskreis, Partnerschaft, Liebe, Intimität, Zärtlichkeit, Nächstenliebe, Kommunikation und Fürsorge. ➔ Isolation, Entfremdung	Dialektik des Wohnens: Wohnen in der Gemeinschaft, jedoch mit Rückzugs- und Abgrenzungsmöglichkeit. Zugehörigkeit zur Gesellschaft
Sicherheitsbedürfnisse: Wohnung, fester Job, Gesetze, Versicherungen, Gesundheit, Ordnung (strukturierte Welt), Religion und Lebensplanung. ➔ Grundangst	Schutz gegen: • Witterungseinflüsse • Lärm (Schallisolierung!) • Schadstoffe • fremde Blicke (riesige Glasfronten!) • Einbrecher • Fauna (Hunde, Wölfe etc.).
Biologisch-physiologische Grundbedürfnisse: Atmung, Wärme, Trinken, Essen, Schlaf, Obdach und Fortpflanzung (sexuelle Befriedigung). ➔ Lebensgefahr, Krankheit	Dach über dem Kopf (Obdach)

Tabelle 2: Die menschlichen Grundbedürfnisse nach Maslow (Bedürfnispyramide) gegenüber den europäischen Wohnbedürfnissen

Auf die Frage, wie sinnvoll die Anwendung einer Bedürfnistheorie im Zusammenhang mit Wohnen ist, soll hier nicht weiter eingegangen werden. Wenn man wissen will, was Wohnen für die Leute bedeutet, hört man oft: Geborgenheit (Entspannen, «Cocooning»), Vertrautheit, Sicherheit, Abgrenzung, Schutz gegen Kälte, Wind, Nässe, Hitze, Fauna. Aber auch: Rückzugsmöglichkeit, eigenes Revier (Territorium), private Symbolwelt (persönlicher Ausdruck), Beständigkeit, Bezugspunkt, Ortsidentität («place-identity») oder Verwurzelung.

Genau diese Aspekte sind im Feng Shui zentral. Und sie werden ernsthaft verfolgt. Kann dieses Haus Geborgenheit, Sicherheit, Schutz bieten – mit seiner riesigen Glasfassade? Wohl kaum! Feng Shui trägt aber auch der Veränderung Rechnung, etwa dem allgemein gestiegenen Bedarf nach mehr Wohnfläche oder den Wechseln im Verlaufe eines Lebens. Der junge Mensch zieht von zu Hause aus, gründet einen eigenen Haushalt, allein oder mit Freunden. Später wohnt er mit einem Partner/einer Partnerin zusammen, beide sind berufstätig. Vielleicht stellt sich Nachwuchs ein, ein Hund wird angeschafft, die Familie scheint komplett. Wenn die jungen Erwachsenen ausfliegen, ist das Paar wieder zu zweit («leeres Nest»). Ein pflegebedürftiger Elternteil wird aufgenommen, die Enkel kommen zu Besuch. Plötzlich stirbt ein Partner weg, man steht alleine da.

In den beschriebenen Phasen ändern sich die Bedürfnisse jeweils drastisch, insbesondere die Anforderungen an die Standortqualität und die Wohnfläche. Auf der anderen Seite variieren die individuellen Wünsche stark (Funktionalität, Geborgenheit, Ausdruck der eigenen Persönlichkeit). Welche Materialien werden bevorzugt, welcher Einrichtungsstil, welche Farben? Spannend wird es, wenn Paare oder Familien unterschiedliche Auffassungen, Stile oder Geschmäcker vortragen. Resultiert ein Kompromiss oder etwas ganz Neues?

Umgekehrt stellen Experten fest, dass viele Leute ihre Bedürfnisse gar nicht kennen, nicht einmal wissen, was sie eigentlich wollen. Dies rührt daher, dass wir genormt wohnen. Architekten und Designer schreiben uns vor, wo die Betten hinzustellen sind, wo der Schrank, der Tisch usw. Oft lässt der Grundriss keine andere Wahl: die Zimmernutzung wie die Möblierung werden einem richtiggehend aufgezwängt.

Umfragen nach der Wohnzufriedenheit boomen. Die Resultate fallen zumindest in der Schweiz erstaunlich gut aus. Dies liegt sicherlich am hohen Standard der hiesigen Mietwohnungen. Gleichwohl drängt sich die Frage auf, ob es sich nicht um eine «resignierende Zufriedenheit» handelt? «Wir müssen ja zufrieden sein. In andern Ländern ist es viel schlimmer.» Man kennt nichts anderes. Man hat sich nicht damit auseinandergesetzt.

Eindrücklich belegt dies ein Experiment. Man bot potenziellen Käufern Objekte an, die aus einem einzigen grossen Raum bestanden (100 oder 200 Quadratmeter). Die Interessenten waren heillos überfordert. Sie realisierten nicht, welche Chance sich ihnen bot: ein freier Raum, in dem alle Möglichkeiten offenstanden! Man konnte aus dem Vollen schöpfen! Stattdessen wurde nach Lösungen gefragt, Gestaltungskonzepten, Ideen etc. Die Menschen sollten sich ihrer eigenen Wohnbedürfnisse wieder bewusst werden!

Erfreulich ist, dass die Erkenntnisse junger Disziplinen wie der Architektur- und Wohnpsychologie die jahrtausendealte Erfahrungswissenschaft Feng Shui bestätigen. Feng Shui ist jedoch umfassender, es geht in die Tiefe, vgl. die nachstehende Grafik.

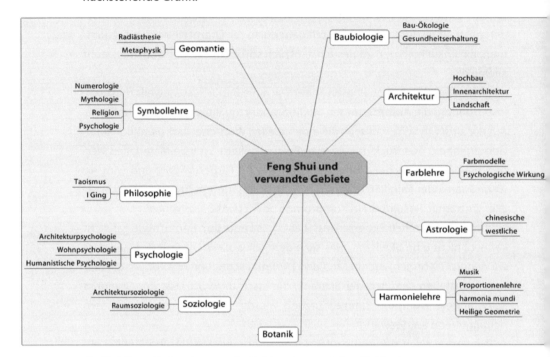

Grafik 1: Feng Shui und verwandte Gebiete der westlichen Zivilisation

Feng Shui beinhaltet ein komplexes, mehrere Disziplinen umfassendes Feld. Was ist nun ein Feng Shui-Berater? Welche Rolle nimmt er ein? Architekt, Philosoph, Astrologe, Geomant, Wohnberater oder Psychologe? Er muss von allem etwas verstehen, insbesondere jedoch die Grundlagen der Architektur. Auf die Anforderungen an einen guten Feng Shui-Berater wird am Ende dieses Kapitels eingegangen.

Ost – West: Europäisches Feng Shui?

Oft wird – zu Recht – die Frage gestellt: Gibt es kein Europäisches Feng Shui? Haben wir nicht auch eine ähnliche Tradition? Warum müssen wir uns vom Osten belehren lassen? Natürlich hat der Westen auch ähnliche Konzepte, zum Beispiel die Geomantie, die Harmonik und die Bionik (vgl. Seite 106 f.).

Die Pythagoräer: Ordnung von Zahlen und Proportionen

Der griechische Philosoph *Pythagoras* ist uns als Mathematiker bekannt. Er stammte aus Samos und lebte im 6. Jahrhundert vor Christus. Weniger bekannt ist, dass er auch eine Mysterienschule in der italienischen Provinzhauptstadt Crotone, in der Region Kalabrien, unterhielt. Die Schule glich einer Klostergemeinschaft, Frauen waren jedoch zugelassen. Die Geheimhaltung bildete das oberste Gebot. Pythagoras galt als Guru. Man geht davon aus, dass er sein Wissen von den Ägyptern, von den Persern oder durch ägyptische Einweihungen hatte. Er nahm auch an den orphischen Mysterien teil und soll sogar in Indien gewesen sein. Ausserdem interessierte er sich für die Geomantie, vgl. Seite 117.

Von Pythagoras selbst ist nichts Schriftliches überliefert. Die Pythagoräer entwickelten ein umfassendes Weltbild, das die Verbindung von Harmonie und Kosmos beinhaltete: «Der ganze Himmel ist Harmonie und Zahl.» Sie fassten den Harmoniebegriff in eine mathematische Regelmässigkeit. Zahlen waren nicht nur mathematische Grössen, sondern auch Symbole. Sie stellen das Gesetz der Welt dar: «Alles ist Zahl.» Demnach liegt auch das Prinzip des Wahren, des Schönen in ihnen. «Das Wesen der Wirklichkeit ist die Zahl.»

Die Mathematik war gewissermassen das Mittel, mit welchem Pythagoras seine Weisheitslehre transportierte. Gleichzeitig entdeckte er die wechselseitige Wirkung von Zahlen und Tönen bzw. Intervallen.

Einen Schritt weiter gedacht, würde dies heissen: Das Gesetz der Musik ist identisch mit der Ordnung der Schöpfung. Wohl deshalb verlangte der römische Architekt *Vitruv* von den Baumeistern, dass sie sich mit Musik beschäftigen. Musik enthüllt die Harmonie der Proportionen, lehrt Symmetrie und Gleichmass sowie anmutiges Aussehen.

Hans Kayser entwickelte die Ideen und Prinzipien der Pythagoräer weiter. Heute gilt er als Vertreter der modernen Pythagoräer.

Bauhütten

Ein grosses Wissen besassen die Bauhütten-Meister, welche im 13. Jahrhundert wirkten und ihre Blütezeit im 14. Jahrhundert hatten, dies im Zusammenhang mit dem Kathedralenbau. Die Bauhütten gehörten zu den Vorläufern der Zünfte. Allerdings war ihr Zusammenschluss ein interdisziplinärer, mit verschiedenen Handwerkern wie Architekten, Steinmetzen, Bildhauern oder Malern. Das Wissen wurde zumeist mündlich weitergegeben, dadurch entstanden die spezifischen Hüttengeheimnisse. Das Ziel der Vereinigung bestand in der Pflege und Weiterentwicklung des künstlerischen Bauens. Die Mitglieder wurden verpflichtet, sich einer Bauhüttenordnung zu unterwerfen (Treue, Bruderliebe, Verschwiegenheit, Wahrhaftigkeit). Jede Gilde nahm einen Geistlichen auf. Dies verstärkte die Beziehung zu den Kirchen und Klöstern. Im Jahre 1459 schlossen sich mehrere Gruppen zu einer Bauhütte zusammen, der Strassburger Bauhütten. Ihre Mitglieder hatten verschiedene Privilegien. So konnten sie sich innerhalb von Europa frei bewegen, das heisst, sie waren freie Maurer, freie Maler etc.

Woher stammt eigentlich der Name «Bauhütte» (englisch Lodge = Loge)? Er geht tatsächlich auf das Wort «Hütten» zurück, konkret auf die Baracken, welche neben den Baustellen standen. In diesen Bretterbauten wurde gegessen, getrunken, ausgeruht. Man versorgte dort Werkzeuge und Pläne oder traf sich zu Besprechungen. Die Bauhütte wurde mit der Zeit zu einem Versammlungsort. Die Bauhüttenmeister waren wichtige Impulsgeber. Sie brachten Schönheit, Grösse, Licht, Farbe und Klang in die Bauten. Mit ihren Werken versuchten sie die kosmische wie die weltliche Ordnung in den Bauwerken zu versinnbildlichen.

Kathedralbauten

Wodurch wurden die Kathedralenbauer inspiriert? Durch die Templer? Die geheimnisvollen Tempelritter kamen um 1128 aus Jerusalem zurück. Was brachten sie mit? Die Geheimnisse des Tempels Salomons? Wie dem auch sei: Kurz danach folgte der offizielle Beginn der Gotik. Sie schenkte uns die Spitzbogen, das Licht, die Höhe, das mystische Gefühl und negierte die Schwere des Seins. Sie riss die romanische Wand auf und erzeugte dadurch eine neue Leichtigkeit.

Zu den wenigen schriftlichen Zeugnissen der Bauhütten gehört ein Skizzenbuch von *Villard de Honnecourt*. Der französische Baumeister stammte aus dem pikardischen Dorf Honnecourt-sur-Escaut. Seine 33 Seiten Pergament haben Furore gemacht, auch in historischen Kreisen. Ob es sich hierbei um ein offizielles Bauhüttenbuch oder um private Aufzeichnungen handelt, ist unklar. Jedenfalls betrachtet man die Muster und Vorlagen als die wichtigste Quellenschrift des Mittelalters zum Thema Architektur.

Der Rückgang des Kathedralenbaus stürzte viele Handwerker in Not, sie verloren ihre Arbeit. Während der Inquisition versuchte man die Bauhütten auszurotten, mit der Reformation zerbröckelte die Organisation. 1731 wurde sie zwangsweise aufgelöst. Der Architekt Walter Gropius nahm die Idee der Bauhütten (interdisziplinäres Schaffen) wieder auf, unter anderem durch die Gründung des «Bauhauses».

Musterbauwerk der Bauhütten: Die Kathedrale von Chartres

Die hochgotische Kathedrale Notre-Dame de Chartres, erbaut 1194 bis 1220 bzw. 1260, ist eines der imposantesten Bauwerke dieser Epoche. Es ist voller Geheimnisse und gibt zahlreiche Rätsel auf. So wurde es nach dem Brand der Fulbertuskirche vom 10. Juni 1194 innert Rekordzeit wieder erstellt: Nur gerade 26 Jahre brauchte man für die Vollendung des Rohbaus.

Eine weitere Besonderheit: Die Kathedrale wurde nicht ganz geostet, das heisst nach Osten ausgerichtet. Der Chor weist nach Nordosten: genau 46 Grad 54 Min. Würde es sich um eine heutige Kirche handeln, wäre dieser Umstand belanglos. Aber zu dieser Zeit? Hatte sich der Baumeister geirrt? Kaum! Hinter der Positionierung steckt ein tieferer Sinn. Die Kathedrale entstand an einem Ort, welcher bereits zu vorchristlichen Zeiten als Kultplatz diente. Auf dem Druidenhügel wurde die Jungfrau verehrt, «virgini pariturae» (geweiht der Jungfrau, die gebären wird). Eine wichtige Rolle spielte auch der Erdstrom, welcher vom Heiligtum, dem Dolmen, ausging. Die Krypta, die keine Gruft ist, sondern eine voll ausgebaute Unterkirche, soll die Kuppe des früheren heidnischen Heiligen Hügels sein.

Was bedeutet das Labyrinth auf dem Boden mitten im Hauptschiff? Es ist ein matriarchalisches Symbol und steht für den Lebensweg. Eventuell liegt dort ein wichtiger Kraftort, vgl. Seite 118.

Aber nicht nur die Hauptlinien, auch die Details enthüllen Interessantes: etwa der gotische Spitzbogen, errichtet über einem Pentagramm, dem Symbol des Menschen. Oder das gotische Licht: Die Kunst der gotischen Glasfenster ist bis heute unerklärbar. Nachvollziehbar sind hingegen die geometrischen Grundsätze sowie die harmonische Gestaltung, welche häufig dem goldenen Schnitt folgt (eine Rhythmik, die geradezu musikalisch ist).

Von der UNESCO wurde die Notre-Dame de Paris 1979 in die Liste des Weltkulturerbes aufgenommen. Sie gilt als «die Kathedrale» schlechthin und diente als Vorbild für viele mitteleuropäische Kathedralen. Kaum ein Besucher kann sich ihrem Zauber entziehen.

Freimaurer

Über den eigentlichen Ursprung der Freimaurerei gibt es eine Reihe von Theorien. Die gängigste besagt, dass der Freimaurerbund aus der Bruderschaft der Steinmetze und deren Bauhütten hervorgegangen ist. Jedenfalls schlossen sich am 24. Juni 1717 in London vier Bauhütten zu einer Grossloge zusammen. Dieser Schritt wird als der Beginn der Freimaurerei angesehen. Dass die Freimaurer («Freemason») die Nachfolger der Bauhütten sind, lassen die Bräuche und Symbole erkennen: Winkelmass und Zirkel, Hammer, Schurz, Handschuhe. Die Freimaurerlogen werden heute noch «Bauhütten» genannt.

Behaute man vormals den Stein (auf dass er in das Gemeinschaftswerk passte), so arbeitet man nun am toleranten Menschen. Mit anderen Worten: Zuerst baute man Kathedralen, anschliessend am Tempel der Humanität.

Geomantie

Geomantie heisst wörtlich übersetzt «Weissagung aus der Erde». Geomantie war früher in allen Kulturen und Religionen verbreitet, als Deutungskunst oder Wahrsagerei. Wir kennen andere Divinationssysteme wie den Tarot, die Astrologie oder das I Ging. Im Mittelalter gab es die vier den Elementen zugeordneten Orakeltechniken: Pyromantie (Feuer), Hydromantie (Wasser), Aeromantie (Luft) und die Geomantie (Erde). Der humanistische Gelehrte und Neuplatoniker *Heinrich Cornelius Agrippa von Nettesheim* hat sich in seinem Werk «De occulta Philosophia – Die magischen Werke» ausgiebig mit diesem Themenkreis auseinandergesetzt.

Heute wird der Begriff weiter gefasst. Man geht davon aus, dass die Welt von verschiedenen Gitternetzen umgeben ist. Diese nennt man die tellurische Geomantie (tellurisch = die Erde betreffend, von ihr stammend). Die Netze haben unterschiedliche Namen und Wirkungen: Curry-Gitter, Hartmann-Gitter, Ley-Lines, Wasseradern, Verwerfungen usw. Zur Sprache kommen dabei oft die Kraftorte. Warum gelten gewisse Orte als heilig? Warum fühlt man sich an gewissen Orten besonders gut, schläft ruhig, atmet besser?

Geomantie lässt sich jedoch nicht auf die Radiästhesie beschränken, vgl. Seite 117. Gleichwohl fehlt ein klar definierter, scharf abgegrenzter Begriff. Bei der heutigen Geomantie geht es um die Sensibilität sowie das Erspüren der unsichtbaren Erdkräfte. Der Geomant arbeitet mit den Kräften der Natur, nutzt und verändert diese. Der slowenische Künstler und Geomant *Marko Pogacnik* definiert die Geomantie wie folgt: «Die Geomantie als ein feinstofflicher Zugang zu den feinstofflichen, das heisst unsichtbaren Dimensionen der Erde, der Natur und der Landschaft. (...) Geomantie heisst Wahrsagung (= die Wahrheit sagen) über die verborgenen Kräfte der Erde oder auch Wahrsagung mit Hilfe dieser Kräfte.» Der Schweizer Ethnologe und Religionswissenschafter *Marco Bischof* betont diesbezüglich das Geistermodell der belebten Natur. Diese Überlegungen brachten – zusammen mit dem neu entdeckten Schamanismus – ein spirituelles Ökologiebewusstsein hervor.

Die Geomantie kommt dem am nächsten, was wir unter dem chinesischen Feng Shui verstehen. Als Feng Shui erstmals nach Europa gelangte, bezeichnete man es als «chinesische Geomantie».

Verändertes Brauchtum
Einiges an geomantischem Wissen hielt in unserem Brauchtum Einzug. Drei Beispiele: Alljährlich, am 6. Januar, am Tag der Drei Könige, kommen die Sternsinger und bringen zum Schutz von Haus und Stall am Haus einen Segensspruch an. Zur Haussegnung bzw. als Abwehrsegen schreibt man mit Kreide die Buchstabenfolge C*M*B* sowie das Jahr an die oberen Türbalken (Caspar, Melchior, Balthasar oder «**C**hristus **m**ansionem **b**enedicat», Christus segne dieses Haus). Beispiel: 20*C+M+B+07.

Oder die «Hausräuche» oder «Hausräuki»: Wer ein Haus oder eine Wohnung bezieht, lädt zum Tag der offenen Tür. Eine Einweihungsparty mit tieferem Sinn, eine spezielle Form des Clearings, vgl. Seite 153. Wie der Name besagt, hat das Ritual mit Räuchern zu tun. Heute eher mit Lärm und Musik ... auch dies verjagt unerwünschte Energien!

Drittes Beispiel: Die Grundsteinlegung, der Spatenstich, bei öffentlichen Bauten ein mediales Ereignis. Behördenvertreter, Architekt und zukünftige Nutzer lächeln zuversichtlich in die Kamera. Ursprünglich bezweckte die Grundsteinlegung etwas anderes: Man übernahm das Land und bedankte sich bei den Naturgeistern. Häufig wurden diese mit Geschenken bedacht: Tabak, Schokolade oder Mais. Man wies ihnen einen Platz auf dem Grundstück zu, wo sie sich weiterhin aufhalten durften. Markiert wurde die Stelle mit einem kleinen Steinhaufen.

Schamanismus

Was hat Schamanismus mit Immobilien bzw. Feng Shui zu tun? Was heisst überhaupt «Schamanismus»? Seit den Publikationen des amerikanischen Anthropologen *Carlos Castaneda* erlebt der Schamanismus einen richtigen Boom. Schamanismus ist das älteste Wissen um die Naturkräfte. Es wurde von allen Naturvölkern auf allen fünf Kontinenten praktiziert. Der rumänische Religionshistoriker *Micrea Eliade* erklärt, dass ein Schamane der «Grosse Meister der Ekstase» bzw. «Meister von Geistern» sei. Ein Schamane ist tatsächlich ein Brückenbauer. Er sucht eine Erhellung aus andern Wirklichkeiten, zur Meisterung der Alltagssituation. Der österreichische Journalist und Schriftsteller *Paul Uccusic* definierte Schamanismus als «die älteste Methode, das Bewusstsein für Heilzwecke und Problemlösung einzusetzen».

Der Schamane versucht durch sein Bewusstsein zu heilen. In diesen ganzheitlichen Heilungsprozess bezieht er auch das Umfeld des Patienten mit ein: Orte, Häuser und Räume. Energetische Blockaden werden gelöst und Disharmonien neutralisiert. Dies bewirkt eine Versöhnung mit der Natur sowie den Wesenheiten; ein Umstand, der sich nicht zuletzt auch auf die Atmosphäre der Objekte auswirkt. Diese Perspektive besagt, dass jede Form von Feng Shui oder Geomantie letztlich aus dem Schamanismus stammt.

Sich auf die eigene Kultur konzentrieren
Die Problematik besteht darin, dass die westlichen Konzepte und Modelle nicht auf eine lückenlose Tradition zurückgreifen können. Dies im Gegensatz zum Feng Shui! Einerseits wurde das Wissen nur mündlich weitergegeben (verbunden mit einem Schweige-Gelübde, wie bei den Bauhütten und Pythagoräern). Andererseits wurden die Geomantie oder der Schamanismus durch die Inquisition sowie die Aufklärung im 17./18. Jahrhundert nahezu vollständig vedrängt.

Aktuell geht es darum, sich auf die eigenen, westlichen Wurzeln zu besinnen. Das vorhandene Wissen neu zu entdecken – auch wenn es schwer greifbar ist.

Im Osten besteht diesbezüglich eine lange Tradition, vieles wurde aufgeschrieben. Selbst die chinesische Kulturrevolution, welche 1966 bis 1976 tobte, konnte Feng Shui wenig anhaben. Es blühte weiter im damals noch britischen Hongkong.

Heben wir unseren eigenen, grossen und wertvollen Schatz! Erzeugen wir eine Synthese mit dem östlichen Feng Shui! Resultat: Ein unserer Welt angepasstes, unseren Bedürfnissen entsprechendes «Europäisches Feng Shui».

Was ist gute Architektur?

«Wer behauptet, er wisse, was gute und was schlechte Architektur sei, lügt.»
Falk Jaeger, freier Architekturkritiker und Publizist

Im Jahre 2006 veröffentlichte Jürgen Tietz das Buch «Was ist gute Architektur? – 21 Antworten». 21 Architekten, Architekturkritiker und Architekturnutzer aus Deutschland, Österreich und der Schweiz waren eingeladen, anhand eines von ihnen gewählten Bauwerks darzulegen, was für sie gute Architektur ist. Es zeigte sich, dass gerade hier das Problem liegt. Je nach Perspektive gibt es ganz unterschiedliche Antworten.

Die Bedürfnisse divergieren stark. Der Bewirtschafter möchte eine unterhaltsame Liegenschaft, der Detailhandel klare Grundrisse mit riesigen Schaufenstern. Und der Architekt? Er strebt ein Kunstwerk an. Die zentralen Fragen bei einem Bauwerk lauten:

- Was ist Architektur?
- Ist Architektur «angewandte Kunst»?
- Soll der künstlerische Ausdruck über der Funktion stehen?

Nachstehend zwei Gebäude, welche im Grossen und Ganzen alles in sich vereinen: Form, Funktion sowie die Bedürfnisse der Benutzer bzw. der Besucher.

Abbildung 2: Villa Rotonda in Vicenza, erbaut von Andrea Palladio (Andrea di Pietro della Gondola)

Architektur und Kunst

Architektur steht für die Auseinandersetzung zwischen Mensch und Raum. Baukunst bedeutet, «die Kunst zu bauen». Jede weitere Diskussion ist kontrovers und kann nur in einem bestimmten Kontext geführt werden. Noch problematischer scheint der Begriff «Kunst». Kunst befindet sich stets im Wandel, unterliegt dem Zeitgeist, der persönlichen Ansicht und Interpretation. Jedes Jahrhundert hat seine eigene Vorstellung von Kunst. *Honoré de Balzac* meinte dazu: «Was ist Kunst, mein werter Herr? Kunst ist kondensierte Natur!» Zur Definition von Kunst gehören folgende Aspekte:

- historischer Kontext
- Bestimmungsort: Gräber, Tempel, Kirchen, Banken
- Funktion: Religion, Politik, Kirche

- Themenwahl: Religion, Mythologie, Porträt
- Stellung des Künstlers: anonym, Handwerker, Auftragskünstler
- Zielpublikum
- Sponsoren

Abbildung 3: Casa Batlló in Barcelona, entworfen von Antoni Gaudí

Die Auftraggeber sind stets andere. War früher der Klerus der Kulturträger, so ist es heute der Investor, die Bank oder die öffentliche Hand. Auch die Stellung des Künstlers wandelte sich. Bis etwa 1200 waren die Erschaffer mehrheitlich anonym. Das Werk stand im Vordergrund.

Nun, was ist Kunst? Kunst hat, so wird uns gelehrt, nichts mit Geschmack oder Ästhetik zu tun. Es geht um die Theorie und Philosophie der sinnlichen Wahrnehmung. Oberflächliche Schönheit oder Hässlichkeit entscheiden lediglich marginal über den Wert eines Objekts. Dafür dominieren Symbolik, Sinn und Sinnhaftigkeit.

Selbst über Architektur wird diskutiert und debattiert. Zu den Streitpunkten zählen die gestalterischen Qualitäten bzw. der Funktionalismus. Soll die Ästhetik zurücktreten zugunsten des Zwecks? Nicht nur der englische Thronfolger Prinz Charles, auch die Kunstkritik hat sich in die Diskussion eingeschaltet. Positiv daran sind der öffentliche Meinungsaustausch sowie die Emanzipation der Nutzerinnen und Nutzer.

Funktion kontra Form
«*Form follows function*», die Form folgt aus der Funktion. Sie kennen ihn bestimmt, diesen Leitsatz der Gestaltung. Er besagt, dass sich die Form aus der Funktion, also vom Nutzungszweck ableitet. Der Begriff wurde vom amerikanischen Architekten *Louis Sullivan* geprägt. Oft wird er falsch interpretiert. Er meint weder die totale Reduktion noch den Verzicht auf Schmuck, Ornamente etc. Insbesondere zielt er nicht auf technokratische, lieblose und kalte Zweckbauten. Kann aber nicht gerade aus der Funktion eine besondere Ästhetik entstehen? Wird hier nicht polemisiert? Handelt es sich um eine sinnlose Diskussion zu einem Entweder-oder? Gibt es nicht ein Sowohl-als-auch? Erliegen wir einmal mehr dem westlich-linearen Denken?

Der bedeutende Barockbaumeister *Johann Balthasar Neumann* soll gesagt haben, dass der Baugedanke über der Funktion stehe. Genau dieser Gedanke wurde von vielen Architekten verinnerlicht. Der Fokus auf die Fassadengestaltung, auf die Form gelegt. Nutzbarkeit oder Praktikabilität hatten zweite Priorität. Fragen zu Erschliessung, Anlieferung, Flächenproduktivität oder Raumbezügen störten da nur. Gebaut wurde von aussen nach innen. Stimmt, der Architekt sieht das Werk ja nur von dieser Seite. Bewohnen müssen es andere ... Wir wollen hier weder zu guter Architektur noch zu Genies, scheinbaren Koryphäen, Bausünden oder der Eigenheit öffentlicher Wettbewerbe Stellung nehmen. Uns genügt die Sicht des Feng Shui.

Die Perspektive des Feng Shui
Wesentlich ist der philosophische Hintergrund. Er verkörpert einen wichtigen Unterschied zur westlichen Architektur. Feng Shui beinhaltet das bewusste Herangehen an eine Aufgabe, die ganzheitliche Betrachtungsweise, Spiritualität sowie das Denken in Energiequalitäten. Gelungene Architektur bedeutet Folgendes:
I. Die Architektur unterstützt den Auftraggeber wie dessen Umfeld (Familie, oder Firma) im Sein, Wirken und Potenzial. Erst dann kann man von einer

gelungenen Bauaufgabe sprechen. Im Mittelpunkt steht der Auftraggeber mit seinem Anliegen (Kundennutzen). Der Architekt erfasst den Kunden in seiner Ganzheit. Dies bedingt Kompetenzen hinsichtlich Wahrnehmung und Kommunikation.

II. Eine respektvolle Architektur berücksichtigt die Natur und die Standortqualität. Im besten Fall erweist sie sich als Weiterentwicklung des Standorts. Allerdings gibt es auch hier unterschiedliche Lesearten, vgl. Seite 122 f.

III. Von einer guten Architektur kann man sprechen, wenn die Baute über eine *erbauende Atmosphäre, eine Energie* verfügt. Dies, so meinen kritische Geister, sei völlig subjektiv und lasse sich zudem nicht beweisen. Davon wird in diesem Buch noch die Rede sein. Eine Messmethode besteht im Auspendeln der Bovis-Einheiten (BE), vgl. Seite 119. Architektur ist nicht bloss eine visuelle Kunst. Einen Raum muss man erspüren. Wie heisst es im «Tao-Te-King»? «Die Leere in der Mitte macht das Haus.»

Was ist Kunst?

«Wenn ich wüsste, was Kunst ist, würde ich es für mich behalten.»
Pablo Picasso, spanischer Maler, 1881–1973

Aus der Perspektive des Feng Shui lässt sich diese Frage mit einem weiteren Zitat beantworten: «Das Wichtigste in der Musik steht nicht in den Noten» (*Gustav Mahler*, Komponist). Genau darum geht es! Welche Energie steckt in einem Werk? Was kommt zum Zuhörer? Nur ein einziger Ton des katalanischen Cellisten *Pablo Casals* oder des russischen Geigers *Maxim Vengerov* kann einen tief berühren – durch den Ur-Klang. Was macht es aus, dass man beim Betrachten einer Skulptur des französischen Bildhauers *Auguste Rodin* meint, sie sei lebendig? Wie kommt es, dass man beim Hören von *Johann Sebastian Bachs* Toccata und Fuge d-Moll (BWV 565) glaubt, man sei bei der Erschaffung der Welt dabei? Welch grossartiges, metaphysisches Gefühl löst das Durchschreiten einer gotischen Kathedrale aus?

Zentral ist das direkte Angesprochensein, die Ergriffen- oder Betroffenheit.

Dies geschieht durch die Energie, welche das Kunstwerk ausstrahlt: eine aufbauende, erhellende Kraft! Spürbar bei jedem grossen Kunstwerk. Kunst soll erheben und inspirieren! «In der Kunst gilt nur das Erhebende, das uns nach oben führt.» (*Paul Ernst*, deutscher Schriftsteller). Mit anderen Worten: Ein Kunstwerk strahlt eine gewisse Energie aus, die wir «*Chi*» nennen; auf das Thema «Chi» kommen wir in diesem Buch noch ausgiebig zu sprechen.

Das Chi leitet über zu einem Ausspruch von Laotse: «Das Sichtbare, das Seiende, gibt dem Werk die Form. Das Unsichtbare, das Nichts, gibt ihm Wesen und Sinn.» Ein Bauwerk kann tatsächlich ein Kunstwerk sein! Und einen Bezug zum Jenseitigen schaffen: Viele Künstler brachten in ihren Werken das Göttliche, das Licht, zum Ausdruck. Sie verliehen ihm dadurch eine irdische Erscheinung. So wird die Architektur auch die «Anordnung des Lichts» genannt (*Antoni Gaudí*, katalanischer Architekt). Allein steht er damit nicht. Selbst moderne Richtungen wie die Jazzmusik zeigen spirituelle Einflüsse, etwa der Stil des Saxophonisten *John Coltrane*.

Was ist gutes Feng Shui?

Diese Frage kann nicht abschliessend beantwortet werden. Sie hängt auch nicht von einem Baustil, einer Formensprache oder Epoche ab. Jeder Berater interpretiert die Grundregeln des Feng Shui anders und setzt sie kreativ um: ein durchaus legitimes Vorgehen.

Weshalb steigt die Nachfrage nach Feng Shui? Eventuell hängt dies weniger mit Feng Shui zusammen, sondern eher mit dem Bedürfnis nach einer humanen, wärmeren und ganzheitlichen Bauweise. Man sehnt sich nach einer Architektur, die im Einklang mit der Natur steht. Das Bewusstsein der Konsumenten ist erwacht, dies zeigen die Entwicklungen bezüglich Ökologie, Medizin usw. Vor einigen Jahren ging es vornehmlich um das giftstoffarme Bauen (Bauökologie), heute fordert der Konsument jedoch mehr! Er möchte Wohnqualität als solche. «Wohnen» wird zunehmend in der Öffentlichkeit thematisiert. Zu lange bekam der Mieter bzw. Nutzer standardisierte Kasernen, spekulative Renditebauten und unmenschliche Wohnsilos vorgesetzt (vgl. *Alexander Mitscherlich*, «Die Unwirtlichkeit unserer Städte», 1965).

Der Philosoph Prof. Dr. Gernot Böhme propagiert einen «Neuen Humanismus» in der Architektur, bei welchem der Mensch als Benutzer zum Bezugspunkt wird. Er spricht vom Raum, vom gestimmten Raum, von der Atmosphäre. Er geht von den nicht materiellen Elementen in der Architektur aus. Architektur ist nicht nur «Visual Art». Den Raum als solches kann man nicht sehen, aber man spürt ihn! Mit diesem Thema beschäftigt sich Feng Shui seit jeher. Darüber hinaus wendet es auch die nachstehenden drei Prinzipien an:

I. Ein Haus muss den Bauherrn unterstützen und fördern. Psychische Prozesse brauchen Raum und Struktur.
II. Die Architektur entwickelt sich aus und mit dem Standort. Sie nimmt Rücksicht auf die Natur, im umfassenden Sinne.
III. Die Baute weist aussen wie innen ein aufbauendes Energieniveau, eine harmonische Atmosphäre auf.

Was soll mit gutem Feng Shui erreicht werden?

«Die Krankheit unserer heutigen Städte und Siedlungen ist das traurige Resultat unseres Versagens, menschliche Grundbedürfnisse über wirtschaftliche und industrielle Forderungen zu stellen.»

Walter Gropius, Deutscher Architekt, 1883–1969

Die Ziele, die Feng Shui verfolgt, sind einfach. Man kann sich zu Recht fragen, warum die klassische Architektur nicht das Gleiche anstrebt. Feng Shui möchte Räume schaffen, in denen eine unterstützende Atmosphäre herrscht. Es möchte den Nutzer beeindrucken, nicht irgendwelche Ästheten oder Fachzirkel. Insgesamt geht es darum, eine gute Wohnqualität zu erreichen. Das Resultat bewirkt eine höhere Lebensqualität, aber auch positive Impulse für die Gesundheit (physische, psychische, geistige und soziale Ebene).

Fassen wir zusammen:

I. Feng Shui setzt den Menschen in den Mittelpunkt. Es vertritt den von Gernot Böhme geforderten «Neuen Humanismus in der Architektur».
II. Feng Shui versucht Harmonie herzustellen. Deshalb lehnt es jegliche Extreme ab (Form, Farbe, Materialien).

III. Die sinnvolle Gestaltung des Umfelds schafft ein Gleichgewicht im Sinne der «unterstützenden Atmosphäre».

Oft wird die Frage gestellt, ob man Feng Shui mit zwei, drei Sätzen umschreiben könne. Definitionen sind immer heikel. Wagen wir es trotzdem:

«Feng Shui ist die chinesische Kunst, Räume und Umgebung so zu gestalten, dass sie im Einklang mit der Natur und den Nutzern sind.»

In diesem Zusammenhang könnte die Kalligrafie für «Harmonie» beinahe als Haus angesehen werden.

Kalligrafie: Chao-Hsiu Chen

Anwendungsbereiche

«Drei Dinge sind an einem Gebäude zu beachten: dass es am rechten Fleck stehe, dass es wohlgegründet, dass es vollkommen ausgeführt sei.»
Johann Wolfgang von Goethe, deutscher Dichter, 1749–1832

Feng Shui kann unterschiedlich angewendet werden: je nach Objekt und Wunsch der Kunden. Dennoch lässt sich – anhand der Zielsetzung – eine Grobeinteilung vornehmen:

Zielsetzung: harmonischer Wohnen, Atmosphäre schaffen
- Beratung und Begleitung bei Neubauprojekten
- Beratung bei bestehenden Bauten (Häusern, Wohnungen)
- Einsatz bei Arbeits-/Werkräumen, Sozial- und Kulturbauten: Büros, Verkaufsgeschäften, Praxen, Spitälern, Altersheimen, Restaurants, Coiffeursalons etc.

Neben Gesamtkonzepten sind auch Teilberatungen möglich (Standortanalyse, ein Zimmer neu gestalten, ein Farbkonzept erstellen, Innenausbau oder die Umgebungs- bzw. Gartengestaltung).

Zielsetzung: Unterstützung bei psychischen oder gesundheitlichen Fragen
- Gezielte Feng Shui-Massnahmen zur Unterstützung von Prozessen

Hier bewegen sich die Anliegen auf einer übergeordneten, zum Teil diffizilen Ebene: Erfüllung eines Kinderwunsches, Verbesserung der Beziehung, Finden eines Partners, Ausweg aus Arbeitslosigkeit oder finanziellen Engpässen. Bei psychischen oder gesundheitlichen Problemen bildet Feng Shui lediglich eine flankierende Massnahme. Es ersetzt weder den Arztbesuch noch eine psychotherapeutische Intervention. Feng Shui kann Selbstheilungskräfte aktivieren; dann, wenn der Wille, die Bereitschaft zur Veränderung aktiv erarbeitet werden (Sekundärgewinn, Unterstützungseffekt).

Nichtsdestotrotz nimmt die Psychologie im Feng Shui einen grossen Stellenwert ein – auch bei Überbauungen, bei denen die Endnutzer noch nicht bekannt sind.

Zielsetzung: Unterstützung bei Entscheidungsprozessen
- Beratung beim Kauf eines Grundstücks, eines Hauses oder einer Wohnung (Einkaufshelfer)

Dieser Sektor hat in den letzten paar Jahren stark zugenommen. Viele Kaufwillige ziehen einen Feng Shui-Experten bei, bevor sie ein Haus oder eine Wohnung erwerben.

Zielsetzung: Marketing-Beratung
- Entwicklung eines Corporate Designs: Beratung im grafischen, symbolischen Bereich, Logoentwicklung, Farbgestaltung usw.
- Namensentwicklung (Naming, Namefinding), für eine Firma oder eine Überbauung. Eine wichtige Marketingentscheidung!

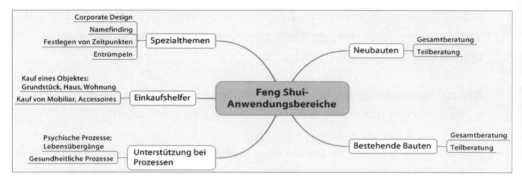

Grafik 2: Feng Shui und seine Anwendungsbereiche

Was ist ein guter Feng Shui-Berater?

«Aber mancher, der sich selbst nicht zu raten weiss, berät gern einen anderen, gleich den ungetreuen Betrügern unter den Predigern: Sie lehren und verkünden das Gute, das sie selbst nicht tun wollen.»

Chrétien de Troyes, altfranzösischer Autor, 1140–1190

Um es vorwegzunehmen: Wenn ich in diesem Buch die männliche Form des «Beraters» (oder Kunden) wähle, geschieht dies ausschliesslich wegen des Leseflusses. Selbstverständlich sind die Vertreterinnen des weiblichen Geschlechts nicht nur mit gemeint, sondern gehören dazu.

Leider gibt es in der Schweiz kein klares Berufsbild zu Feng Shui-Beratern. Sämtliche Bestrebungen, einen Berufsverband zu gründen, sind bis dato gescheitert (Stand 2007). Ein solcher Verband hätte die Aufgabe, das Berufsbild, die Ausbildungslehrgänge, die Prüfungen sowie Zertifizierungen zu definieren bzw. zu reglementieren. Weitere Themen wären: berufsethische Grundsätze (Ethik-Kodex) sowie eine Tarifordnung (Honorarempfehlungen). Ein Abschluss oder Zertifikat bürgt noch nicht für Qualität. Allerdings kann man zumindest davon ausgehen, dass ein «diplomierter» Berater über ein Mindestmass an Feng Shui-Wissen verfügt.

Der «Berater-Dschungel» ist gross, kaum ein Kunde weiss, wie er sich darin zurechtfinden soll. Umgekehrt vertreten Branchenkenner die Ansicht, dass Feng Shui so etwas «Profanes» wie einen Verband nicht nötig habe. Vielleicht eben doch?!

Der Berater

Was ist eine Beratung? Wann zieht man einen Berater bei? Beratung ist eine zwischenmenschliche Beziehung, in deren Verlauf der Berater bestrebt ist, das vorgebrachte Anliegen zu verstehen, sein Fachwissen einzubringen und insgesamt zu einer Lösung zu helfen. Beratung umfasst ein breites Spektrum von Methoden: konkrete Vorschläge, Motivation, Informationsbeschaffung etc. Ein Berater wird geholt, wenn:
- das notwendige Fach- und Sachwissen fehlt (Expertenrolle, Kompetenz),
- man keine Zeit hat, das Problem zu lösen (Handlangerrolle),
- man nicht über das notwendige Beziehungsnetz verfügt (Gatekeeper),
- Neutralität und Objektivität gewährleistet werden sollen (keine Betriebsblindheit, Unabhängigkeit, Objektivität).

Meistens entpuppt sich ein Auftrag als eine Kombination von verschiedenen Aspekten (Zeit, Wissen, Verbindungen). Bei einer Feng Shui-Beratung steht häufig die Expertenrolle, das Know-how im Vordergrund.

Über welche Eigenschaften sollte ein Feng Shui-Berater verfügen? Welche Qualifikationen sollte er mitbringen?

I. Autorität: fachliche und persönliche Kompetenz, Ausbildung, Mut zur Kritik, Vertrauenswürdigkeit, Ehrlichkeit, gute Ausdrucksfähigkeit in Wort und Schrift
II. Individualität: Werdegang, Erfahrungen, Leistung evtl. Spezialisierung
III. Integrität: Verschwiegenheit, reife und analytische Persönlichkeit, soziale Kompetenz, Authentizität (Echtheit, Selbstkongruenz, Empathie, Akzeptanz und Wertschätzung)
IV. Objektivität
V. Unabhängigkeit (externe Instanz), keine wirtschaftlichen oder rechtlichen Abhängigkeiten

Ein Feng Shui-Berater muss nicht Architekt sein, er sollte jedoch die Grundlagen der Architektur kennen. Der italienische Renaissance-Architekt Andrea Palladio hatte auch nicht Architektur studiert, ebenso wenig wie die irische Designerin Eileen Gray.

Wie sieht es mit der Beraterhaftung aus? Ein Berater haftet nicht für den Erfolg seiner Beratung, sofern er seine Sorgfaltspflicht nicht verletzt. Ein Anwalt kann den Verlauf eines Prozesses auch nicht garantieren. Ebenso wenig ist ein Arzt für das Gelingen einer Operation verantwortlich, es sei denn, er handle grob fahrlässig.

Ähnlich verhält es sich bei einem Feng Shui-Berater: Er kann lediglich Massnahmen empfehlen, nach bestem Wissen und Gewissen.

Qualifikation und Hintergrund
Die meisten Feng Shui-Berater haben einen andern Erstberuf erlernt oder ausgeübt, idealerweise in der Immobilien-Branche (Architekt, Innenarchitekt, Bauzeichner, Immobilien-Treuhänder oder Wohnberater). Die Vielzahl der Ausbildungen ist weder übersichtlich noch vergleichbar. Anforderungen, Umfang und Inhalt variieren stark. Institut X betont die technischen Aspekte, während Institut Y auf psychologische Aspekte setzt. Anbieter Z konzentriert sich auf das klassische Feng Shui, seine Konkurrenz auf die europäische Variante. Weder die Lehrgänge noch die Zertifikate lassen sich einstufen, zum Beispiel hinsichtlich Qualität. Eines ist jedoch klar: Eine seriöse Grundausbildung bedingt mehr als ein paar Wochenendkurse! Wichtig sind zudem Berufserfahrung, Kenntnisse anderer Gebiete sowie eine gewisse Reife.

Beratungsablauf
Wie läuft eine Feng Shui-Beratung ab? Nachstehend ein standardisiertes Vorgehen:
- Kontaktaufnahme
- Erstgespräch: gegenseitiges Kennenlernen, Formulierung der Ausgangslage, Auftragsklärung
- Beschluss über die Durchführung (Auftragserteilung)
- Klare Auftragsdefinition
- Ziele, Termine
- Form der Lösungsvorschläge: mündlich oder schriftlicher Bericht
- Budget für die Umsetzung (Was dürfen die Massnahmen kosten?)

- Klare Honorarvereinbarung für die Beratung (Kostendach, Stundenansatz oder allenfalls Pauschale), eventuell eine schriftliche Auftragsbestätigung
- Beratungsarbeit inklusive Begehung und Besichtigungen
- Präsentation des Schlussberichts (Sitzung mit/ohne Schriftsatz)
- Evaluation oder Erfolgskontrolle nach einiger Zeit (Nachfrage, Besuch).

Der Kunde sollte vorgängig wissen, was er wünscht. Worin besteht das Beratungsziel. Welche Bereiche sollen verändert werden? In welchem Umfang? Punkto Kosten gilt: Das Beraterhonorar ist eine Sache, die Auslagen für die vorgeschlagenen Massnahmen eine andere.

Einschätzung und Wahl eines Feng Shui-Beraters
Wenn Sie einen Feng Shui-Berater beiziehen, zählen der erste Eindruck sowie die gemeinsame Wellenlänge (Sympathie, guter Draht). Der Fachmann muss Sie und Ihre Anliegen erfassen. Wenn Sie ihm darüber hinaus vertrauen, ist dies bereits die «halbe Miete». Der Beratungserfolg hängt nicht zuletzt von der Kundschaft ab. Der Kunde ist der «Co-Produzent».

Zwei Berater einander gegenüberzustellen ist schwierig (Persönlichkeit, Werdegang, spezifisches Wissen, Stärken und Schwächen). Überlassen Sie die Auswahl dennoch nicht dem Zufall. Vergleichen Sie mehrere Personen, Offerten und Kalkulationen. Es lohnt sich Informationen einzuholen, zunächst über die Website des Experten, anschliessend im persönlichen Gespräch sowie mittels Referenzen:

- Was ist der Erstberuf?
- Wie lange betreibt jemand Feng Shui? Wie viel Berufserfahrung weist er auf? Wo hat er seine Ausbildung genossen?
- Bringt er bestimmte Branchenerfahrungen mit? Für die Renovation eines Restaurants sollte jemand mit dem Gastronomiegewerbe vertraut sein.
- Wo liegt die spezielle Beraterkompetenz? Wo ist er der absolute Spezialist?
- Auf welchen Gebieten hat sich der Bewerber weitergebildet (Coaching, Radiästhesie, Astrologie, Farblehre)?
- Achten Sie auf die Gesamterscheinung (Person, Unterlagen, Auftreten und Ausdruck).
- Hören Sie sich bei Freunden, Bekannten und Kolleginnen um.

- Fragen Sie nach Arbeitsproben (Beispiele).
- Lassen Sie sich Referenzen geben (Objekte, Auftraggeber).

Vertrauen Sie auf Ihre Intuition. Stimmt die Chemie nicht, stimmt die Beziehung nicht – und mit ihr das Resultat.

Vorsicht ist geboten
Hüten Sie sich vor Hobbyberatern oder Freizeitexperten! Sie lassen sich auch nicht von einem Chirurgen behandeln, der lediglich alle zwei Jahre – zum Vergnügen – den Operationssaal von innen sieht. Meiden Sie Wunderheiler, die Ihnen unrealistische Versprechungen machen (Reichtum, Glück) oder alles in Frage stellen. Ein Feng Shui-Berater hat Ihren persönlichen Einrichtungsstil zu respektieren, er kann mit dem Vorhandenen arbeiten. Eine Feng Shui-Beratung findet immer vor Ort statt. Der Beratende muss auf dem Grundstück stehen, in die Räume gehen, die Umgebung wahrnehmen.

Grundlagen

Von der Grösse des Tao

Ehe Himmel und Erde entstanden
bestand ein geheimnisvoll Unbestimmtes
schweigend, abgeschieden
einzig und unwandelbar
ewig kreisend in Bewegung
es gilt als Mutter der Welt

Ich kenne seinen Namen nicht
ich nenne es Tao
sein Name ist gross
gross heisst vergehend
vergehend heisst entfernt
entfernt heisst wiederkehrend

Darum:
Das Tao ist gross
der Himmel ist gross
die Erde ist gross
der Mensch ist auch gross
das sind die vier Grossen des Alls
Der Mensch ist einer davon

Der Mensch folgt der Erde
die Erde folgt dem Himmel
der Himmel folgt dem Tao
Das Tao folgt sich selbst

Aus: «Tao Te King»
Laotse, Übersetzer: Bodo Kirchner

Chi, die universelle Kraft

Das chinesische Wort «*Chi*» (qi) lässt sich nur schwer übersetzen. Selbst Experten können es nur eingrenzen: Jeder verwendet eine andere Definition. Sogar in der englischen Sprache findet sich kaum ein genaues Äquivalent. Mögliche Auslegungen sind: Luft, Gas, Atem oder Lebenskraft. Chi ist die universelle, die allem innewohnende, durchdringende Lebensenergie – sei es in der Atmosphäre, der Erde oder im Menschen. Chi ist der kosmische Atem, die Substanz, aus der das ganze Universum besteht (physisch, geistig).

Ein einziger Begriff wird diesem Wort kaum gerecht. Das oberste Chi, die reinste Ur-Kraft, bezeichnet man als «*Wu Chi*» (Wu = Nichts, das Absolute, Numinose). Aus der Einheit und Verschmelzung zwischen Yin und Yang entsteht das «*Tai Chi*».

Chi ist ein Schlüsselfaktor des chinesischen Denkens. Es spielt im Feng Shui wie in der Traditionellen Chinesischen Medizin (TCM) eine zentrale Rolle, aber auch im Qi Gong, Tai Chi, Aikido oder Shaolin Kung Fu. Mit anderen Worten: Das Chi-Konzept ist das Grundkonzept in der chinesischen Philosophie.

Chi und die Wissenschaft

Der Begriff «Energie» leitet sich vom griechischen Wort «Werk, Wirken» ab und stammt vom Physiker *William John M. Rankine*. Vormals wurde das Wort in Zusammenhang mit «Kraft» verwendet. Die Wissenschaft kennt unterschiedliche Energieformen: mechanische, thermische, elektrische, chemische und nukleare Energie sowie die Strahlungsenergie.

Entscheidend ist die der Energie innewohnende *Wirksamkeit*.

Energie selbst lässt sich nicht messen, sondern nur ihre Wirkung bzw. die verrichtete Arbeit. Das westliche, rationale Denken, welches auf Aristoteles basiert (das Ursache-Wirkung-Denken), hatte bis vor kurzem Mühe mit Begriffen wie «Chi».

Kalligrafie für «Chi»: Chao-Hsiu Chen

Nicht zu Unrecht spricht *Bhagwan Shree Rajneesh* (Osho) von der «Aristotelitis», der grossen westlichen Seuche. Wir Europäer versuchen, die Ursache des Chi zu ergründen, es zu messen, Aufbau und die Struktur zu erforschen. Den Chinesen ist dies egal, sie orientieren sich an der Wirkung des Chi! Auch wenn sich diese im Moment noch nicht quantifizieren lässt, ihr Effekt ist spürbar!

Die Vorstellung des Chi lässt sich am ehesten mit dem modernen Quantenfeld vergleichen. Der dänische Physiker *Niels Bohr* bemerkte hierzu: «Das Chi ist das Äquivalent des modernen Quantenfeldes.» Der österreichische Physiker und Systemtheoretiker *Fritjof Capras* formulierte es so: «In der chinesischen Philosophie ist die Feldidee nicht nur in der Vorstellung vom ‹Leeren› und ‹Formlosen› enthalten, sondern wird auch im Begriff des Chi ausgedrückt. Dieser Begriff spielt eine wichtige Rolle in fast jeder Schule der chinesischen Naturphilosophie (…)»

Chi und andere Kulturen

Das Chi-Konzept ist keine Exklusivität der Chinesen. In andern Kulturkreisen taucht es ebenfalls auf, in unterschiedlicher Form und Ausprägung.

Kulturraum	Begriff	Bedeutung
Indien	Prana	Indische, hinduistische Konzeption: universelle Lebensenergie. Im Raja Yoga heissen die Atemübungen «Pranayamas»
Japan	Ki	In der japanischen Metaphysik: Kraft, Lebensenergie, eine Übersetzung des chinesischen Begriffes «Chi»
Griechenland	Pneuma (Geist, Hauch, Luft)	Altgriechische Auffassung: Geist, Windhauch, Wirbel, Druck
Christliche Welt	Hagion Pneuma; Heiliger Geist	Der Heilige Geist, der allem innewohnt, der Schöpfergeist (Creator Spiritus). Ruach, ein hebräischer Ausdruck, bedeutet: Wind, Kraft, Geist, Gottes Atem. Gott haucht Adam den Lebenshauch ein (jüdisch-christliche Lehre)
Antike und Ägypten	Odem (Atem)	Atem, Geist und Seele, Atemseele oder Hauchseele: Im Atem ist der Sitz der Seele. Wer lebt, der atmet.
Islam	Baraka	Segenskraft, «Atem des Lebens» (Sufismus)
Polynesien	Mana	Schamanistisch-religiöse Tradition der Huna: Macht, Kraft, Selbstvertrauen, spirituelle Energie, universelle Lebensenergie

Kulturraum	Begriff	Bedeutung
Germanisch	Wyrd (Urd)	Wyrd oder Urd ist eine der drei nordischen Göttinnen (Nornen) des Glücks, des Schicksals und der Vergangenheit. Wyrd steht für das «Gewordene». Gemäss dem englischen Historiker und Psychologen Brian Bates wird Wyrd im keltischen Sinne als alles durchdringende Lebenskraft verstanden.

Tabelle 3: Namen und Auslegungen von «Chi» in verschiedenen Kulturkreisen und Epochen

Chi und die Gesundheit

Chi ist die Kraft, die alles in Bewegung hält. Chi kann in zwei Kategorien unterteilt werden: zum einen in das angeborene Chi (yuan qi). Dieses Chi haben wir von der Geburt bis zu unserem Tod (Grund-Chi, Ur-Chi). Zum anderen in das erworbene Chi. Diese Energien werden später aufgenommen. Die drei Hauptquellen des Chis sind: Nahrung, Luft, Wasser beziehungsweise:
- Erdenergie: Pflanzen, Tiere, Wasser, Mineralien
- Himmlische Energie, die Kraft des Universums sowie
- Kosmische Energie (höheres Selbst).

Chi ist überall enthalten. Für die Taoisten ist die Luft voller Lebenskraft, die Atmung ein elementarer Vorgang – genauso wie die Ernährung, Meditation oder Visualisation.

Was steuert letztlich das Chi? Chi wird von *yi*, der gedanklichen Absicht, der Ausrichtung und Konzentration, bestimmt.

Chi und Feng Shui

Was haben diese Ausführungen mit Feng Shui zu tun? Chi ist das wichtigste Prinzip, welches Feng Shui lenkt und leitet. Vieles konzentriert sich auf diese Lebensenergie. Die theoretischen Kenntnisse allein reichen indes nicht aus, die Kraft muss erspürt, erfasst und beeinflusst werden.

Feng Shui zielt auf ein gutes Chi (ein ausgewogenes Energieniveau, eine harmonische Atmosphäre). Als der Mensch noch nicht sesshaft war, im Freien statt in Häusern lebte, war er optimal mit Chi – mit Luft und Licht – versorgt.

Heute bewegen wir uns hauptsächlich in geschlossenen Räumen: Wohnung, Büro, Läden, Restaurants, Auto, Bahn. Die zentrale Frage lautet deshalb: Wie bringen wir mehr Chi in die Häuser?

Chi und Sha Chi
Alles, was auf dieser Welt existiert, ist polar, selbst das Chi. Im Feng Shui unterscheiden wir zwischen:
- **Yun Chi:** aufbauendes, positives Chi, verbunden mit «Glück». Im Westen verwendet man zumeist den Begriff «Chi», lässt das «Yun» weg. Chi wird durch Luft, Licht, Wärme und Bewegung gebildet. Was ein gutes Chi ist, lässt sich nicht auf die Schnelle bestimmen. Sicherlich ist es nicht an einen Baustil, ein Material oder eine Richtung gebunden. Umgekehrt gibt es Elemente, die zu einem lebendigen Chi beitragen: Pflanzen, Tiere, Formen, Farben, Licht, Luft oder Düfte. Ein qualitativ hochstehendes Chi ist an seiner Ausstrahlung erkennbar (erfrischend, freundlich, einladend, eine gewisse Wärme vermittelnd).
- **Sha Chi:** verringerndes, tötendes, negatives Chi, verbunden mit «Unglück». Sha Chi entsteht, wenn das Chi zu schnell fliesst, stagniert oder entschwunden ist. Insbesondere in Räumen ohne natürliches Licht mangelt es an Chi. Auch Unordnung und Gerümpel bilden Sha Chi, ebenso wie tote Ecken. Erinnern Sie sich, wie früher ungehorsame Schüler in eine Ecke stehen mussten, mit Blick in den toten Winkel? Dies isoliert, schwächt, absorbiert Energie. Haben Sie einmal ein verwaistes Haus betreten? Was für Gefühle überkamen Sie dabei? Kühle, Kälte? Hier fehlte primär das Bewegungs-Chi. Das Ganze wirkt häufig muffig, moderig, stinkig, schal, drückend. Entsprechend ist die Ausstrahlung: kalt, lähmend, unbehaglich, verunsichernd.

Das aufbauende Chi bewegt sich geschwungen, ähnlich einer Sinuskurve. Der Bogen vorwärts entspricht einem natürlichen Verlauf.

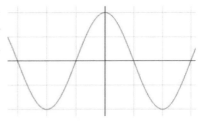

Grafik 3: Verlauf einer Sinuskurve

Die Chi-Fortbewegung wird mit stark mäandrierenden Flüssen verglichen (Mississippi oder Rhein). Flussbegradigungen und Kanalisierungen zeitigen dort ihre Folgen: erhöhte Fliessgeschwindigkeit, stärkere Erosion, steigende Hochwassergefahr.

Selbst das Leben spielt sich nicht auf einer Geraden ab. Wobei sich diesbezüglich nicht alle einig sind:

«Die Natur verabscheut gerade Linien.» Horace Walpole, englischer Schriftsteller, 1717–1797, Begründer des englischen Landschaftsgartens.

«Die gerade Linie ist menschlich, die geschwungene göttlich.» Antoni Gaudí, katalanischer Architekt, 1852–1926.

«Eine geschwungene Strasse ist ein Eselspfad, eine gerade Strasse ist eine Strasse für Menschen.» Le Corbusier (Charles Edouard Jeanneret), Schweizer Architekt, 1887–1965.

Was sich hingegen auf einer Geraden bewegt, ist das zerstörende Sha Chi. Gerade Linien beschleunigen die Geschwindigkeit, sie üben eine Sogwirkung aus. Man denke an einen Liftschacht … Feng Shui postuliert, dass Wasser in gerade verlegten Leitungen seine Qualität verliert. Ein negativer Effekt ergibt sich ebenso bei zu langen, geraden Strassen, Autobahnen, Eisenbahnen oder Korridoren. Das Chi wird zu stark beschleunigt, es wandelt sich zu Sha Chi. Dasselbe gilt für Ecken und Kanten. Sie stossen Sha Chi – geheime Pfeile – ab. Bei Gebäuden sind markante Ecken und Kanten zu vermeiden, zugunsten von runden Formen. Dies betrifft auch das Mobiliar oder die Ausstattung (Bad, Küchenbau). Bei der Umgebungsgestaltung werden gleichfalls runde, geschwungene Wege favorisiert; damit die Energie nicht zu stark auf das Haus schnellt.

Wie soll man sich den Chi-Fluss vorstellen? Er bewegt sich immer von der Türe zu den Fenstern hin. Ein Teil des Chis gelangt allerdings auch durch die Fenster in den Raum, von der Türe zu den Fenstern, vergleichbar mit Rauch.

Die Polarität von Yin und Yang

Vom Wissen um die Gegensätze
Aus dem Tao entsteht die Einheit
aus der Einheit der Gegensatz
aus dem Gegensatz die Vielfalt
aus der Vielfalt die ganze Welt

Die ganze Welt
trägt in sich das dunkle Yin
und um sich das lichte Yang
durch die Kraft der Leere
bleiben diese im Einklang

Vom Gegensatz
Wer da sagt Schön
schafft zugleich Unschön
Wer da sagt Gut
schafft zugleich Ungut

Sein bedingt Nichtsein
Schwer ergänzt Leicht
Lang bemisst Kurz
Hoch erzeugt Niedrig
Laut bestimmt Leise
Jetzt folgt Einst

Aus: «Tao Te King»
Laotse, Übersetzer: Bodo Kirchner

Im Universum ist alles harmonisch vereint. Was sich hingegen auf der Erde bewegt, durchläuft die *Polarität*. Aus der Einheit, dem «Wu Chi», ergiesst sich das «Tai Chi», die grossen Gegensätze. Diese wiederum ergeben sich aus dem Zusammenspiel von Yin und Yang.

In der chinesischen Philosophie sind Yin und Yang als Ur-Polaritäten zu verstehen. «Tai Chi» verkörpert das Prinzip der Polarität. Diese kosmische Einheit wird in unserer Schöpfungsgeschichte mit dem Paradies verglichen. Die Vertreibung aus dem Paradies ist der Fall aus der Einheit – eine Voraussetzung, um Wissen zu erlangen. Wie können wir den Tag erkennen, wenn wir nicht die Nacht erlebt haben? Wie können wir die Freizeit geniessen, wenn wir nie arbeiten?

Die Polarität im Westen

Bereits der altpersische Priester *Zarathustra*, griechisch Zoroaster, vertrat um 1768 vor Christus eine dualistische Philosophie. Das Ende der Skala bildeten

Gut und Böse. Dieses Konzept hielt im christlichen Denken einen starken Einzug, insbesondere bei der gnostischen Religion der *Manichäer*. Dort lehrte man einen äusserst radikalen Dualismus: Licht und Finsternis, Gott und Teufel, Geist und Materie. Man sah in allem den Konflikt zwischen zwei grossen Mächten. Das Böse muss ausgerottet werden, um dem Guten zum Durchbruch zu verhelfen. Nur dieser Weg führt weiter ...

Je mehr man jedoch etwas bekämpft, desto mehr Bedeutung/Gewicht erhält es! Bereits *Heraklit* wies darauf hin, dass eine extreme Haltung nicht zur Aufhebung der Gegensatzpaare, sondern zur Stärkung des Gegenteils führt. Der Schweizer Tiefenpsychologe *Carl Gustav Jung* meinte hierzu: «Jedes psychologische Extrem enthält im Geheimen seinen Gegensatz oder steht sonstwie mit diesem in nächster und wesentlicher Beziehung.» Oder mit den Worten von Mephisto in Goethes «Faust»: «(Ich bin) ein Teil von jener Kraft, die stets das Böse will und stets das Gute schafft.» Dieselbe Thematik hat *Paul Watzlawick* eindrücklich beleuchtet, in seinem Buch «Vom Schlechten des Guten oder Hekates Lösungen».

Der grosse Unterschied zwischen Ost und West besteht darin, dass der Taoist in der Polarität eine Einheit sieht, nicht einen Widerspruch! Das eine bedingt das andere. Elektrizität entsteht aus beiden Polen: dem negativen und positiven. Es geht weder darum, die Dinge zu bewerten, noch sich für das eine oder andere zu entscheiden. Es handelt sich schlicht um verschiedene Aspekte eines Ganzen. Diese Koexistenz verdeutlicht das Tai-Chi-Symbol:

Yin und Yang im Feng Shui

Anfänglich reagieren Feng Shui-Schüler irritiert: Insbesondere weil das so genannte «Negative» auf der Yin-Seite angesiedelt ist, das heisst bei der Frau (eigentlich dem weiblichen Prinzip). Diese Zuordnungen werden als diskriminierend aufgefasst. Dabei geht es nicht um qualitative Einschätzungen, sondern um ein kosmisches Prinzip. *Hermann Hesse* bemerkt es richtig, wenn er sagt: «Unsere Bestimmung ist, die Gegensätze richtig zu er-

kennen, erstens, nämlich als Gegensätze, dann aber als Pole einer Einheit.» «Solve et coagula!» «Löse und verbinde!» lautet eine alchemistische Formel. Von der Analyse zur Synthese, vom Zerlegen zum Ganzen. Nachstehend einige Gegensatzpaare zur Illustration der Polarität:

Yin	Yang	Yin	Yang
Weiblicher Aspekt der Schöpfung	Männlicher Aspekt der Schöpfung	Weiblicher Aspekt der Schöpfung	Männlicher Aspekt der Schöpfung
Frau	Mann	Norden	Süden
Erde	Himmel	Wasser	Feuer
Mond	Sonne	Schatten	Licht
Nacht	Tag	Gefühl	Logik
Dunkel	Hell	Unbewusst	Bewusst
Materie	Geist	Silber	Gold
Kalt	Warm	Rund	Rechteckig
Passiv	Aktiv	Weich	Hart
Still	Laut	Tal	Berg
Tod	Leben	Geschwungen	Gradlinig
Chaos	Ordnung	Unregelmässig	Regelmässig
Sammeln	Verteilen	Intuitiv	Analytisch
Trauer	Freude	Geben	Nehmen
Weich	Hart	Absinken	Aufsteigen
Moll	Dur	Finsternis	Licht
Winter	Sommer	Sanft	Aggressiv

Tabelle 4: Gegensätzliche Ausprägungen der Ur-Polaritäten Yin und Yang

Wichtig ist in diesem Zusammenhang, dass Yin und Yang nicht als starre, abgegrenzte Grössen fungieren, sondern immer in ihrem *Kontext*. So bedeutet Yang «gross» und Yin «klein». Gross und klein können sich indes als relativ erweisen: Je nach Situation wird das Kleine zum Grossen bzw. vom Yin zum Yang. Bereits mit dieser Unterteilung können Bauten analysiert werden: Herrscht das Yang- oder das Yin-Prinzip vor? Was dominiert (Materialien, Formen, Farben)? Auch die Raumfunktionen lassen sich auf diese Weise einteilen:

Yin	Yang
Westen, Norden	Süden, Osten
Schlafzimmer	
Arbeitszimmer (geistig)	Küche
Leseraum	Wohnzimmer (Living Room)
Meditationsraum	Esszimmer
Bad/WC	Kinderzimmer
Vorratsraum	Spielzimmer
Abstellraum, Reduit	Empfang
Garage	

Tabelle 5: Einzelne Wohnräume und ihre Anordnung nach Yin und Yang

Ziel ist es, einen Ausgleich zwischen Yin und Yang zu erlangen. Anders formuliert: keine Extreme! In der Praxis können wir alles in Yin und Yang einteilen. Jeder Berg hat eine Yin- und eine Yang-Seite. Die Yang-Seite steht für die gut besonnte, begehrte Südseite. Sie liefert – thermisch bedingt – Aufwind (Deltasegler wissen dies). Ein erhebendes Gefühl, dort zu wohnen! Auf der Yin-Seite herrschen Fallwinde, der Winterschatten macht sich bemerkbar. Ein anderes Beispiel der Standortanalyse: Selbst Strassen verfügen über eine Yin- und eine Yang-Seite. Die Yang-Seite wird von den Fussgängern stärker frequentiert als die Yin-Seite. Vielleicht befinden sich auf der Yin-Seite mehr Bänke, Telefonkabinen oder Baustellen. Andererseits weist die Yang-Seite eventuell mehr Bewegungsraum auf, eine Tramhaltestelle oder einladende Schaufenster.

Fünf Kräfte – fünf Elemente

«Vier Elemente, innig gesellt,
Bilden das Leben, bauen die Welt.»
Friedrich Schiller, deutscher Dichter und Philosoph, 1759–1805

Der Westen kennt vier Elemente, der Osten fünf. Ein Widerspruch? Im Prinzip nein! Der Schnittpunkt der vier Elemente bildet die Quintessenz, eben das fünfte Element: den *Äther* (vgl. Aristoteles). Im chinesischen Denken sind – neben dem Chi-Konzept sowie der Polarität von Yin und Yang – die fünf Wandlungsphasen bzw. die fünf Elemente von zentraler Bedeutung. So weist ein Teeservice idealerweise fünf Tassen auf, dazu eine Kanne. Ein chinesischer Politiker erklärt sein Regierungsprogramm anhand von fünf Punkten.

Wie entstanden aber die fünf Elemente? Durch die fünf Wandlungsphasen?

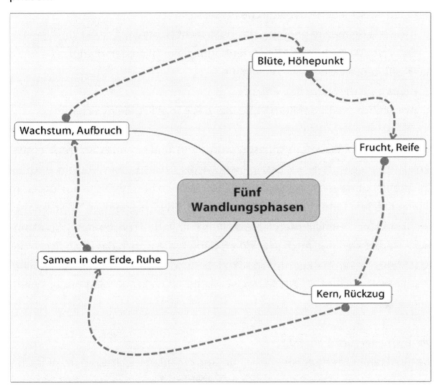

Grafik 4: Die fünf Wandlungsphasen, im Uhrzeigersinne verlaufend

Von der Natur lernen: die fünf Wandlungsphasen

Der griechische Philosoph Heraklit sagte es kurz und bündig: «Alles fliesst!» Die Chinesen erkannten dies früh und begründeten darauf ihre Philosophie: «Wenn der Wind des Wandels weht, bauen die einen Schutzmauern, die anderen Windmühlen.» Oder mit Konfuzius: «Wer ständig glücklich sein möchte, muss sich oft verändern.»

Alles verläuft zyklisch. Auch andere Kulturen beschreiben das *Prinzip des Rhythmus*, zum Beispiel das westliche Buch «Kybalion» («Alles fliesst aus und ein, alles hat seine Gezeiten, alle Dinge steigen und fallen...»). Oder *William Shakespeare* («Es gibt Gezeiten auch für unser Tun; nimmt man die Flut wahr, führt sie zum Glück»).

Feng Shui orientiert sich stark an der Natur. Die Chinesen sehen in den Jahreszeiten verschiedene dynamische Prozesse:

I. Das stille Keimen in der Erde, das noch nicht sichtbar ist.
II. Das erste Wachstum, die Kraft der Natur, die nach aussen drängt.
III. Die Blütezeit, die grosse Pracht, und
IV. dann trägt die Natur ihre Früchte.
V. Am Schluss bleibt der Kern übrig, der das ganze Leben ins sich birgt.

Aus diesen fünf Wandlungsphasen wurde ein umfassendes Konzept entwickelt. Mittlerweile ist es aus Disziplinen wie der Chinesischen Medizin, dem Tai Chi oder Qi Gong nicht wegzudenken. Wir kennen das Zyklische aus unserem eigenen Leben: Geburt und Kindheit, Jugend, Erwachsenenzeit, Seniorenalter und Tod. Oder die erwähnten Jahreszeiten: Frühling – Frühsommer – Spätsommer – Herbst – Winter. Auch in anderen Gebieten lässt sich das Periodische beobachten: sei es im Marketing (Produktelebenszyklus) oder der Kunstgeschichte (Phasenkreis). Es gibt bereits Manager, die ihre Projekte anhand dieser Wandlungsphasen planen.

Die Kräfte der fünf Elemente

Die fünf Elemente entstehen, besser gesagt, emanieren sich aus dem «Wu-Chi» (dem Nichts), den «Drei Reinen» (dem Dreifaltigen) bzw. aus dem Tai Chi sowie der Interaktion von Yin und Yang. Aus den beschriebenen Wandlungsphasen lassen sich die fünf Elemente jedoch besser ableiten und verstehen; dies durch die Zuteilung von einem Element pro Phase. Die chinesischen Elemente lassen sich indes nicht 1:1 auf die westlichen Einheiten übertragen. Wenn man sich allerdings für ein System entscheidet, sollte man es konsequent anwenden. Eine ausführliche Darstellung der fünf Elemente in tabellarischer Form finden Sie auf Seite 61 f.

Element	Schlüsselwörter
Holz Das kleine Yang	Aufbruch, Expansion, aufwärts strebend, Anfang und Neubeginn, Aufschwung, Entwicklung, Wachstum, Entschlossenheit, erzeugend
Feuer Das grosse Yang	Aktion, Intensität, pulsierende Energie, Wärme, Licht, Vitalität, Erregung, Kampfgeist, blühend, zulassend
Erde Mitte	Realität, Zuverlässigkeit, Konsolidierung, Sammeln, Ordnen, stabilisierend, konservativ, zentrierend
Metall Das kleine Yin	Reife, Stärke, Macht und Erfolg, Festigkeit, Verdichtung, kontrahierend
Wasser Das grosse Yin	Ruhe, Ehrgeiz, Willenskraft, Auflösung, fliessend, loslassend, Krisenzeiten, der luftleere Raum vor dem Neubeginn, Musik

Tabelle 6: Schlüsselbezeichnungen und Kerneigenschaften der fünf Elemente

Abbildung 4: Das Element Holz
(hier mittels Bambus symbolisiert)

Abbildung 5: Das Element Feuer

Abbildung 6: Das Element Wasser

Die Zahl Fünf

Fünf ist eine äusserst wichtige Zahl, nicht nur im Westen, sondern auch im Osten. Sie ist eine natürliche Zahl sowie eine Primzahl. Die Fünf sowie das Pentagramm, der Fünfstern, sind die Zahl des Menschen: fünf Sinne, fünf Zehen, fünf Finger ... Fünf ist die Zahl der Venus und somit der Liebe. Der Sitz des US-amerikanischen Verteidigungsministeriums ist das Pentagon (fünfseitige Form, jede Seite des Fünfecks besteht ihrerseits aus fünf parallelen Gebäudereihen. Ausserdem verfügt jeder Ring über fünf Stockwerke. Ein Vorteil der fünfeckigen Bauart besteht darin, dass man in zirka zehn Minuten jeden Ort dieses riesigen Gebäudes erreichen kann).

Die fünf Säulen des Islams sind die entsprechenden Grundsätze, zu denen sich jeder Muslim verpflichtet. Ein Teil des Alten Testamentes beinhaltet die fünf Bücher Moses (Pentateuch). Das Logo der Olympischen Spiele zeigt fünf Ringe, für jeden Erdteil einen. In der Geometrie kennen wir die fünf platonischen Körper – aus den Zahlen drei, vier und fünf. Nicht zu vergessen die Pentatonik, die Fünftonmusik. Und dann gibt es das wohl erfolgreichste Parfum Chanel Nr. 5! In China gilt Fünf als Glückszahl (fünffaches Glück). Im Feng Shui symbolisiert diese Zahl die Mitte, das Zentrum.

Fünf Emotionen

Selbst Organe oder noch Tieferes, die Emotionen, können nach den fünf Elementen eingeteilt werden. Dies ist vor allem dann bedeutend, wenn es um das «innere Feng Shui» geht: Hier arbeiten wir mit den inneren Räumen, mit uns selbst. Wichtig erscheint, welche Emotionen auf welche Organe Einfluss nehmen. Sogar die Transaktionsanalytikerin *Fanita English* spricht von den fünf echten Gefühlen des Menschen: Wut, Trauer, Angst, Freude und Liebe. Auch hier besteht das Gesetz der Polarität. Es gibt zwei Arten von Emotionen:

Holz	Feuer	Erde	Metall	Wasser
Freundlichkeit	Liebe Freude	Offenheit Ausgeglichenheit	Mut	Sanftheit
Zorn, Wut	Hass Ungeduld	Sorgen	Trauer Depression	Angst Stress

Tabelle 7: Zuordnung der Emotionen zu den fünf Elementen

Beziehungsdynamik und Prozessablauf

Von entscheidender Bedeutung ist das *Zusammenspiel der Elemente*, die Art und Weise, wie sie zueinander stehen. Praxisbezogenes Feng Shui heisst diese Beziehungen kennen. Die Elemente spiegeln sich jeweils in Form, Farbe und Material wider. Gewisse Elemente fördern sich, andere hemmen sich gegenseitig.

Der Ernährungs- und der Kontrollzyklus

Das vorherige Element *nährt* das folgende, jeweils im Uhrzeigersinn:
- Holz nährt das Feuer; Holz ist Brennstoff für das Feuer.
- Feuer nährt die Erde; Asche nährt den Boden.
- Erde nährt das Metall; verdichtete Erde ergibt Metall.
- Metall nährt das Wasser; Mineralstoffe reichern das Wasser an.
- Wasser nährt das Holz; Pflanzen brauchen Wasser.

Wir sprechen hier auch von der Mutter-Kind-Beziehung oder der «Produktionsfolge». Dies im Gegensatz zur Vater-Kind-Beziehung, wo einzelne Elemente sich gegenseitig kontrollieren:

- Wasser kontrolliert das Feuer; es löscht die Flammen.
- Feuer kontrolliert das Metall; die Glut verflüssigt Metall.
- Metall kontrolliert das Holz; die Axt spaltet Holz.
- Holz kontrolliert die Erde; Werkzeuge durchbohren den Boden (Wurzel, Pflug).
- Erde kontrolliert das Wasser; sie leitet/formt die Flüssigkeit (Damm, Tongeschirr).

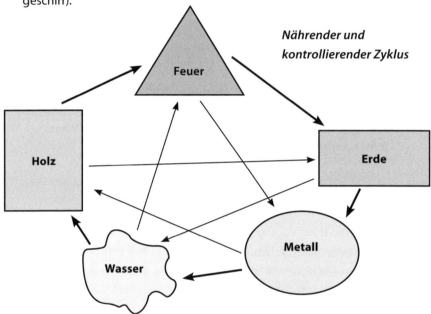

Grafik 5: Zusammenspiel der fünf Elemente (fett gedruckte Pfeile = nährender Zyklus, normal gedruckte Pfeile = kontrollierender Zyklus)

In diesem Zusammenhang wird klar, dass ein Dreieck nicht blau sein kann (Feuer). Gleichzeitig verstehen wir, warum die Kombination von Holz und Metall sich als weniger optimal erweist.

Der Erschöpfungszyklus
Wenn ein Kind ständig stürmt und quengelt, ermüdet die Mutter. Dieses Bild entspricht am ehesten der Situation des Erschöpfungszyklus. Die nachfolgenden Elemente zermürben das vorherige, sie ziehen Energie ab:

- Feuer verbrennt das Holz.
- Erde erstickt das Feuer.
- Metall durchdringt die Erde.
- Wasser löst das Metall.
- Holz absorbiert das Wasser.

Weist das Kind eine Störung auf, so schwächt dies gleichfalls die Mutter. Dieser Zyklus ist für die Omen-Heilung wichtig, wenn sich zum Beispiel die Schlafrichtung als nicht ideal erweist, vgl. Seite 104 f.

Der Auflehnungszyklus

Schädigungen können zur Überbeanspruchung eines Elements führen. So greift beruflicher Stress (= Holz) das Metall an:
- Holz lehnt sich gegen das Metall auf.
- Feuer lehnt sich gegen das Wasser auf.
- Erde lehnt sich gegen das Holz auf.
- Metall lehnt sich gegen das Feuer auf.
- Wasser lehnt sich gegen die Erde auf.

Die fünf Elemente und ihre Entsprechungen

Kategorie	Holz	Feuer	Erde	Metall	Wasser
Richtungen	OSTEN	SÜDEN	MITTE	WESTEN	NORDEN
Formen	▯	△	☐	○	⌒
	Säulen Zylinder Hoch, lang	Dreieck Pyramide Spitzig	Quadrat Quader Rechteckig, flach	Kreis Kuppel Rund, kugelig	Unregel- mässig irregulär, fliessend
Farben	Grün Blaugrün	Rot Orange Purpur	Gelb Braun Ocker	Weiss, Grau Gold, Silber	Blau Schwarz
Symboltier	Grüner Drache	Roter Phönix	Gelbe Schlange	Weisser Tiger	Schwarze Schildkröte

Kategorie	Holz	Feuer	Erde	Metall	Wasser
Materialien	Holz Parkett	Leder Kunststoff	Stein, Beton Keramik	Metall (Eisen, Chrom)	Glas
Energie	Wachsen	Strahlen	Strukturieren	Zentrieren	Fliessen
Jahreszeit	Frühling	Frühsommer	Spätsommer	Herbst	Winter
Tageszeit	Morgen	Mittag	Nachmittag	Abend	Nacht
Emotionen positiv	Freundlichkeit Begeisterung	Liebe Freude	Ausgeglichenheit Offenheit	Rechtschaffenheit Mut	Sanftheit
Emotionen negativ	Zorn Wut	Hass Ungeduld	Sorgen Ängstlichkeit	Trauer Depression	Furcht Angst Stress
Tugenden	Geduld	Geistesfrieden	Achtsamkeit	Mitgefühl	Furchtlosigkeit
Organe Yang	Gallenblase	Dünndarm Dreifach-Erwärmer	Magen	Dickdarm	Blase
Organe Yin	Leber	Perikard, Herz	Milz-Pankreas	Lunge	Nieren
Körperflüssigkeit	Tränen	Schweiss	Speichel	Schleim	Urin
Sinnesorgane	Augen	Zunge	Mund	Nase	Ohren
Sinnesfunktion	sehen	sprechen	schmecken	riechen	hören
Körpergewebe	Muskeln	Blutgefässe	Bindegewebe	Haut	Knochen

Kategorie	Holz	Feuer	Erde	Metall	Wasser
Geschmack	sauer	bitter	süss	scharf	salzig
Wetter	Wind	Hitze	Feuchtigkeit	Trockenheit	Kälte
Planet	Jupiter	Mars	Saturn	Venus	Merkur
Erdzweige, Tierkreis	Tiger, Hase	Schlange, Pferd	Drache, Schaf, Hund, Ochse	Affe, Hahn	Schwein, Ratte
Vegetation	Knospe, Treib	Blüte	Frucht	Wurzel	Same
Gegenstände, Möbel	Rattanmöbel, Säulen, Pflanzen, Holzgegenstände, Pfeiler, Hohe und schlanke Formen	Cheminée, Ofen, Kerzen, Leder-, Kunststoffmöbel, Spitze Formen	Töpfereien, Flache Formen, Steinböden, Platten, Schwere Möbel	Runde, metallische, glänzende Gegenstände, Spiegel, Münzen	Zimmerbrunnen, Wasserschalen, Glas, Fenster, drapierte Vorhänge

Tabelle 8: Die fünf Elemente und ihre Auslegung in verschiedenen Kategorien (Materielles, Symbolisches und Geistig-Emotionales)

Die Weisheit des I Ging

«Im I Ging steht alles geschrieben, was gedacht und was gelebt werden kann. (...) Man kann es als Orakelbuch benutzen, um in schwierigen Lebenslagen Rat zu bekommen. Man kann es auch nur seiner Weisheit wegen lieben. Es ist in diesem Buch ein System von Gleichnissen für die ganze Welt aufgebaut.»

Hermann Hesse, deutsch-schweizerischer Dichter, 1877–1962

Das «I Ging», das Buch der Wandlungen, ist einer der ältesten klassischen chinesischen Texte. Es enthält die Kosmologie und Philosophie des alten China. Zudem beruht es auf genauen Beobachtungen der Natur (nicht im analytischen, sondern im analogen Sinn). Die Grundideen erstrecken sich auf zwei Dimensionen:

- Ausgewogenheit der Gegenteile, vgl. den Abschnitt zur Polarität von Yin und Yang.
- Akzeptieren von Wechsel, die Welt verändert sich ständig.

Man kann das System nicht einer Einzelperson zuschreiben, mehrere Persönlichkeiten haben daran gewirkt. In der chinesischen Literatur werden vier Heilige als Verfasser angegeben:

- Fu Hsi (Fu Xi): erster chinesischer Urkaiser, er hat die acht Trigramme erfunden, indem er über Himmel und Erde meditierte.
- König Wen, Gründer der Zhou-Dynastie: Er soll zu den 64 Hexagrammen die Bilder gesetzt haben.
- Herzog von Chou, Sohn von König Wen. Er hat die Bilder ergänzt.
- Konfuzius: Von ihm stammen die wichtigsten Kommentare zum I Ging.

Bei uns hat der deutsche Sinologe Richard Wilhelm das I Ging bekannt gemacht. Seine Übersetzung – erstellt mit Hilfe eines chinesischen Meisters – ist nach wie vor massgebend. Zur Verbreitung haben der Schriftsteller Hermann Hesse sowie der Tiefenpsychologe Carl G. Jung beigetragen. C.G. Jung meinte, dass das I Ging dazu bestimmt sei, um Situationen ganzheitlich zu erfassen. Das Werk kann als taoistisch betrachtet werden, obwohl Konfuzius später die ausführlichen Texte dazu schrieb.

Aufbau des I Ging

Das I Ging beschreibt die Welt in 64 Bildern bzw. Lebenssituationen. Dargestellt werden sie in den Hexagrammen, bestehend aus sechs waagrechten Linien. Die Grundlage bilden acht Trigramme (Dreierlinien), die jeweils aus drei Linien bestehen: durchgehenden oder unterbrochenen Linien, vgl. die nachstehende Abbildung:

Yang ───────	Yin ── ──

Grafik 6: Beispiele von Linien des I Ging (links durchgehend, rechts durchbrochen)

Aus der Kombination der acht Trigramme ergeben sich die 64 Hexagramme (Sechserlinien) bzw. Bilder (8 x 8). Zur Illustration sei hier das Hexagramm 55, «die Fülle», angeführt:

```
── ──
──────      oberes Trigramm: Chen, der Donner
── ──
──────      unteres Trigramm: Li, das Feuer
```

Grafik 7: Hexagramm zur Fülle (= Fong)

Die Trigramme symbolisieren die Dreiheit von Himmel, Mensch und Erde. Die unterste Linie entspricht der Erde, die mittlere dem Menschen, die oberste dem Himmelreich. Insgesamt existieren acht Trigramme:

Name	Trigramm	Eigenschaft	Bild	Familie
Chien, das Schöpferische	▬▬▬ ▬▬▬ ▬▬▬	stark	Himmel	Vater
Kun, das Empfangende	▬ ▬ ▬ ▬ ▬ ▬	hingebend	Erde	Mutter
Chen, das Erregende	▬ ▬ ▬ ▬ ▬▬▬	bewegend	Donner	1. Sohn
Kan, das Abgründige	▬ ▬ ▬▬▬ ▬ ▬	gefährlich	Wasser	2. Sohn
Ken, das Stillhalten	▬▬▬ ▬ ▬ ▬ ▬	ruhend	Berg	3. Sohn
Sun, das Sanfte	▬▬▬ ▬▬▬ ▬ ▬	eindringend	Wind	1. Tochter
Li, das Haftende	▬▬▬ ▬ ▬ ▬▬▬	leuchtend	Feuer	2. Tochter
Tui, das Heitere	▬ ▬ ▬▬▬ ▬▬▬	fröhlich	See	3. Tochter

Tabelle 9: Die acht Trigramme (gleich Symbole) des I Ging

I Ging als Orakelsystem

Seit jeher haben Menschen vor wichtigen Entscheidungen nach Orientierungshilfen gesucht, Wahrsager und Propheten beigezogen. Aus der Antike kennen wir das berühmte *Orakel zu Delphi* mit der Priesterin Pythia, welche in Trance, auf einem Dreifuss sitzend, Kontakt zu Apollo hatte und den Ratsuchenden Weissagungen übermittelte. Sokrates verliess sich auf seine innere Stimme (das Daimonion, den persönlichen Schutzgeist, Teil des Ichs).

So einfach ist dies. Welche Stimmen hören wir aber? Diejenige der Dämonen oder diejenige der Engel? Wem können wir Glauben schenken? Aufbauendes, Positives stammt vermutlich von Himmelswesen. Aber auch dunkle Mächte melden sich zu Wort. Sich aus Furcht vor diesen Einflüsterern keiner höheren Führung anzuvertrauen, ist falsch. Eine solche höhere Leitung kann auch das I Ging sein. Das I Ging wurde stets als Orakelbuch eingesetzt: in Lebenssituationen, die nach einer Wegweisung riefen. Jedes der 64 Hexagramme wird von einem in einer Bildersprache abgefassten Text begleitet. Es bietet eine Aufklärung über die momentane menschliche, aber auch die kosmische Lage. Und es deutet an, was zu tun wäre.

Früher wurden für die Befragung fünfzig Schafgarbenstängel benutzt, heute sind es drei Münzen. «Zahl» ist Yin, «Kopf» bedeutet Yang. C. G. Jung befasste sich intensiv mit Orakelsystemen, unter anderem auch mit dem I Ging. Er hat nachgewiesen, dass solche divinatorischen Methoden keineswegs Unsinn sind. Sie beruhen auf dem Prinzip der *Synchronizität*, das heisst der akausalen, sinnvollen Gleichzeitigkeit eines äusseren Geschehens mit einem inneren, seelischen. Mit anderen Worten: Synchronizität liegt vor, wenn ein Geschehen keinen kausalen Zusammenhang ergibt, jedoch einen Sinn. Wenn der Grossvater stirbt und zur exakt gleichen Zeit die Pendeluhr im Wohnzimmer stehen bleibt, scheint kein kausaler Zusammenhang gegeben, hingegen ein plausibler. Wichtig bei der Gleichzeitigkeit der Ereignisse ist ihre sinnvolle oder «sinngemässe Koinzidenz». «Zufälle», Hellsehen, Telepathie usw. lassen sich mit diesem Prinzip erklären. Mit der gleichen «Akausalität» lassen sich das I Ging, der Tarot oder andere Systeme begründen. Die Befragung des I Ging kann verblüffende Lösungswege aufzeigen, denen der rationale Verstand nicht zugänglich ist. Selbst C.G. Jung hat vom I Ging Gebrauch gemacht.

Allerdings sollte man Respekt und Ehrfurcht vor solchen Methoden haben, sie nicht als Partygag oder Zeitvertreib missbrauchen. Insbesondere ist davon abzuraten, bei jeder kleinen Entscheidung das I Ging anzugehen. Selbstverantwortung nimmt einem niemand ab! Durch die Befragung kann indes eine Lebenssituation erhellt werden, unter Umständen werden neue, bisher unberücksichtigte Aspekte aufgezeigt. Allenfalls kommt das eigentliche Thema zum Vorschein, der Kern der Sache, die tiefere Botschaft. Das I Ging antwortet übrigens nie mit Ja oder Nein. Deshalb sollte man seine Frage vorher eingrenzen, präzis und schriftlich formulieren. Zum Schluss sei nochmals erwähnt: Historisch gesehen überwiegt die Funktion des I Ging als Weisheitsbuch, nicht als Orakel.

I Ging und Feng Shui

Eine der Hauptquellen des Feng Shui ist das I Ging. Allerdings lässt sich bei Feng Shui-Beratern eine gewisse Zurückhaltung gegenüber diesen Texten feststellen. Häufig beschäftigen sie sich erst nach Jahren intensiv mit dem System. Dies ist verständlich, erscheint es doch als schwierig, schwer zugänglich. Um tiefer in die Materie eindringen zu können, muss man das I Ging jedoch studieren. Das resultierende Verständnis eröffnet nicht nur einen theoretischen Zugang, es hilft auch bei Anwendungen in der Praxis, vergleiche die nachstehenden Ausführungen.

Die Himmelsrichtungen

Die Himmelsrichtungen sind im Feng Shui bedeutungsvoller als in der westlichen Architektur. Um die Qualitäten der einzelnen Richtungen zu erfassen, eignen sich die Trigramme bestens; sind sie doch den acht Himmelsrichtungen zugeordnet! Wichtig ist, dass jedem Trigramm auch Zahlen entsprechen.

Gemäss der chinesischen Auffassung liegt Süden oben, im Gegensatz zu unserer westlichen Darstellung, etwa bei einem Kompass. Konkret fragt man sich bei Feng Shui nun: Wie ist das Haus ausgerichtet? In welche Himmelsrichtung öffnet sich die Haustüre?

	9 Süden Feuer ⚌	
4 Südosten Wind		**2 Südwesten** Erde
3 Osten Donner		**7 Westen** See
8 Nordosten Berg		**6 Nordwesten** Himmel
	1 Norden Wasser	

Tabelle 10: Ordnung der Trigramme im «späteren Himmel» nach König Wen (nachweltliche Anordnung)

Abbildung 7: Der Wind (hier symbolisiert durch Fahnenbewegung)

8: Der See (Bachalpsee im Berner Oberland)

In wenigen Fällen wird der «frühere Himmel», die vorweltliche Anordnung, nach Fu Hsi verwendet. Der frühere Himmel umfasst die paarweise Gegenüberstellung zweier komplementärer Hexagramme, welche ihrerseits eine zeitlose, metaphysische Ordnung repräsentieren. Hier besteht ein absolutes Gleichgewicht. Der Nachteil: Dieser Zustand verunmöglicht Entwicklung und Veränderung – im Gegensatz zur dynamischen, stets neu zu errichtenden Balance. Der spätere Himmel entspricht dem Kreislauf der Jahreszeiten und somit der physischen, materiellen Welt.

Abbildung 9: Der Berg («Der Mönch» in den Berner Alpen)

	9 Süden Himmel	
4 Südosten See		**2 Südwesten** Wind
3 Osten Feuer		**7 Westen** Wasser
8 Nordosten Donner		**6 Nordwesten** Berg
	1 Norden Erde	

Tabelle 11: Anordnung der Trigramme im «frühen Himmel» nach Fu Hsi

Bagua (Grundrissraster)

Die Anordnung des Fu Hsi wird als Schutzsymbol eingesetzt, zum Beispiel auf dem Bagua-Spiegel. Bagua ist ein Raster, mit welchem der Feng Shui-Berater den Grundriss sowie die entsprechenden Lebensbereiche analysiert, vgl. Seite 141. Die acht Lebensbereiche werden dabei wiederum den Trigrammen zugeordnet:

Lebensbereich	Trigramm
Lebensweg, Beruf, Karriere	Wasser
Partnerschaft, Beziehung	Erde
Herkunftsfamilie, Eltern, Autoritäten	Donner
Segnungen, Reichtum, Fülle, Glück	Wind
Hilfreiche Freunde, Unterstützung	Himmel
Kinder, Nachkommen, Projekte, Kreativität	See
Wissen, Spiritualität	Berg
Ruhm, Anerkennung	Feuer

Tabelle 12: Zuordnung der acht zentralen Lebensbereiche zu den einzelnen Trigrammen

Lo Pan

Der Lo Pan ist das wichtigste Werkzeug eines Feng Shui-Beraters. Auf den ersten Blick erkennt man einen Kompass mit Ringen. In einem dieser Ringe sind die 64 Hexagramme eingezeichnet. Konkret kommt auf rund 5,6 Grad jeweils ein anderes Hexagramm. Durch diese Abstufung können Feinheiten herausgeschält werden. Wie ist die Eingangstüre ausgerichtet? Gibt es nahe gelegene markante Bauten, zum Beispiel eine Trafostation? Was für ein Hexagramm befindet sich dort? Mit dieser Methode lassen sich die Qualitäten differenziert erfassen. Befindet sich zum Beispiel die Eingangstüre auf 14 Grad (Nordeingang), entspricht dies dem Hexagramm 3, gleichgesetzt mit «Anfangsschwierigkeit». Übersetzt heisst dies: Schwierigkeiten sind vorprogrammiert, zumindest zu Beginn!

Der I Ging-Kalender: Zeitqualität

Jedem Jahr, jedem Monat und Tag wird ein Hexagramm zugeordnet. Dadurch ermittelt man die Qualität hinsichtlich Eckdaten wie Vertragsunterzeichnung, Spatenstich oder Einzug. Das Jahr 2008 zum Beispiel steht unter dem Hexagramm 52, «der Berg» – das Stillhalten (zyklische Anordnung nach Fu Hsi). Zu beachten ist, dass das Jahr entsprechend dem chinesischen Sonnenjahr jeweils am 4./5. Februar beginnt. Das Jahreshexagramm betrifft das ganze Weltgeschehen. Speziell interessant ist das Geburts-Hexagramm. Dies gibt Aufschluss über das Lebensthema. Ist jemand zum Beispiel im Jahr 1957 geboren, also im Jahr des Hahns, so fällt er in das Hexagramm 24, «die Wiederkehr». Weitere Aufschlüsse geben auch die Monats-, Tages- und Stunden-Hexagramme.

Das Binärsystem

Das westliche Dualsystem, das Binärsystem, wurde vom deutschen Philosophen und Universalgelehrten *Gottfried Wilhelm Leibniz* erfunden (er lebte von 1646 bis 1716). Eine Renaissance erfuhr es durch die Digitaltechnik, später durch die Computertechnologie. Leibniz entwickelte das Dualsystem aufgrund der Auseinandersetzung mit dem I Ging!

Das Familienporträt – die acht Trigramme

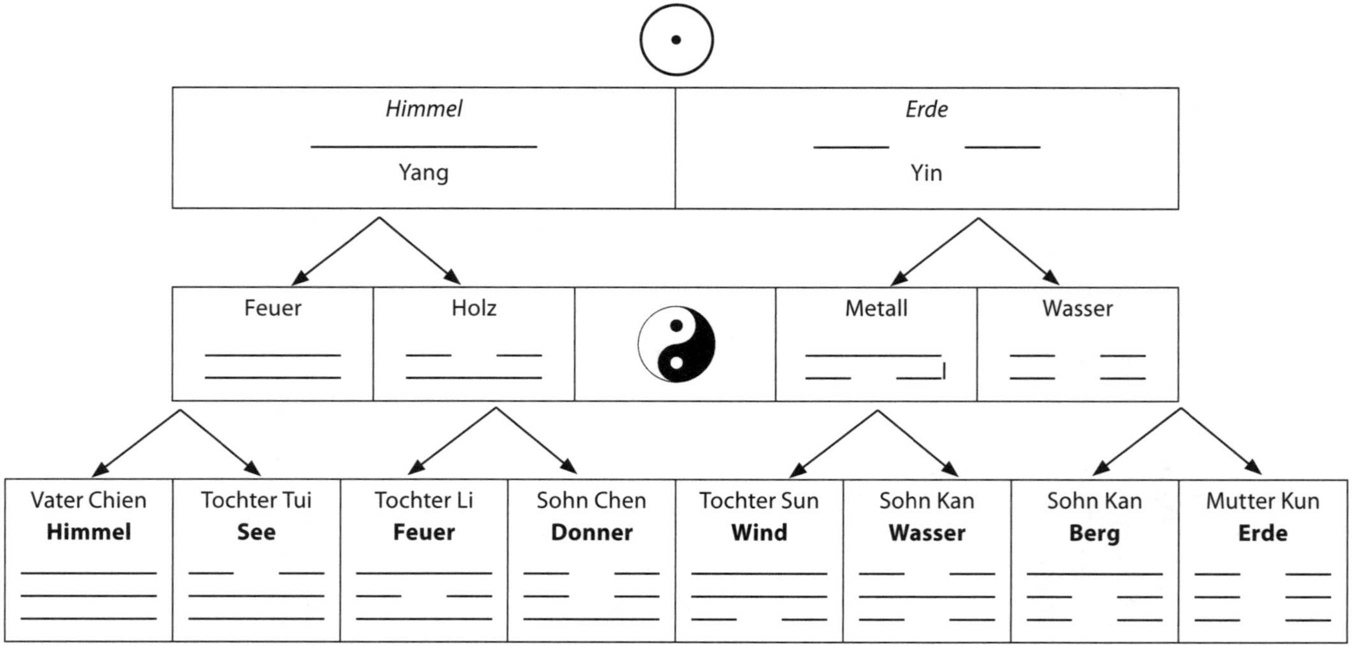

Himmel	Erde
Yang	Yin

| Feuer | Holz | Metall | Wasser |

| Vater Chien **Himmel** | Tochter Tui **See** | Tochter Li **Feuer** | Sohn Chen **Donner** | Tochter Sun **Wind** | Sohn Kan **Wasser** | Sohn Kan **Berg** | Mutter Kun **Erde** |

Grafik 8: Die acht Trigramme in ihrer Entstehungsgeschichte

Spiegelgeschichten und Hermes Trismegistos

«Am Neste kann man sehen, was für ein Vogel darin wohnt.»
Deutsches Sprichwort

Seit 2006 führt die «Neue Zürcher Zeitung» in ihrer Beilage «NZZ Folio» eine amüsante Kolumne. Sie trägt den Titel: Wer wohnt da? Man sieht die Innenräume einer Wohnung oder eines Hauses ohne die zugehörige Person. Ein Psychologe und eine Innenarchitektin ziehen (aufgrund von Stil, von Ordnung/Unordnung oder Atmosphäre) Rückschlüsse auf die Bewohner. Auf der folgenden Seite wird das Rätsel gelöst. Die Leserschaft erfährt, in wessen Zuhause man soeben geblickt hat. Was hier der Unterhaltung dient, ist im Feng Shui effektiv so: Ein geübter Experte holt aus Materialien, Anordnung oder einzelnen Gegenständen Informationen zu den Nutzerinnen. Alles kommuniziert: die Inneneinrichtung, die Bekleidung, ja selbst die Gangart, die Gestik oder Mimik eines Menschen. Es zeigt die momentane Verfassung oder spiegelt innere Prozesse wider.

Der Schweizer Philosoph *Alain de Botton* hat sich intensiv mit Architektur und Design auseinandergesetzt. Er glaubt allerdings nicht, dass man den Charakter eines Menschen aufgrund seiner Wohnungseinrichtung erkennen kann: «Es ist grundsätzlich naiv, aus einer Inneneinrichtung weltanschauliche Positionen zu lesen.» Andererseits meint er: «Im Prinzip möchte ich die Eigenschaften eines Freundes in seiner Wohnung gespiegelt sehen. Leider geht das selten auf, in der Praxis.» Weiter bemerkte er: «Die meisten Menschen wohnen so, wie sie im Idealfall gerne wären oder von anderen gesehen werden möchten.» Sagt dies nicht auch etwas aus, bringt einiges zum Ausdruck?

Hermes Trismegistos und die universellen Gesetze

Wer ist *Hermes Trismegistos*, der «dreimal grösster Hermes»? Was hat er mit Feng Shui zu tun? Hermes ist eine legendäre Gestalt und geht auf den ägyptischen Gott Thot zurück. Thot galt als Gott der Schrift, des Wissens, der Bibliotheken, der Wissenschaften und der Magie. Viele sehen in ihm einen Weisen, ägyptischen König oder Priester. Einzelheiten seines Lebens sind nicht bekannt. Vermutlich lebte und schrieb er in den Anfängen der ältesten Dynastien, lange vor Moses. War er ein Zeitgenosse Abrahams, vielleicht dessen Lehrer? Alexander der Grosse entdeckte angeblich seine Grabkammer. Die Mumie hielt in ihrer Hand die «smaragdene Tafel», die berühmte «Tabula Smaragdina», welche die philosophische Basis der Hermetik bildet. Die Tafel stellt ein Zitat aus dem «Geheimbuch der Schöpfung» dar. In ihm steht unter anderem: «Es gibt sieben Prinzipien der Wahrheit; derjenige, der sie kennt mit vollem Verständnis, besitzt den magischen Schlüssel, bei dessen Berührung alle Tore des Tempels sich öffnen.» Uns interessiert hier das Axiom der Entsprechung: «Wie oben, so unten», «wie im Makrokosmos, so im Mikrokosmos», «wie innen, so aussen». Alles findet im Äusseren seinen Ausdruck: Der Sinn zeigt sich im Sinnlichen. Die Tafel hält sich übrigens an das Prinzip der Polarität (Yin und Yang).

Solch elementare Gesetzmässigkeiten haben heute noch Gültigkeit und bestätigen die Auffassungen von Feng Shui.

Alles ist ein Spiegel

Der österreichische Schriftsteller *Peter Rosegger* sagte: «Völker wie Personen verkörpern in ihren Wohnräumen ihren Charakter.» Er hat Recht! Alles ist wichtig und Ausdruck eines tiefer liegenden Prinzips. Nichts ist zufällig. Alles, was einem begegnet, ist Kommunikation! Wenn Sie in Zukunft eine Liegenschaft besichtigen, tun Sie dies bewusst. Nehmen Sie alles wahr: das Grundstück, die Eingangspartie, die Briefkästen, die Sonnerie, das Treppenhaus. Versuchen Sie alle Sinneskanäle einzusetzen, nicht nur die visuellen. Gerüche spielen auch eine Rolle. Jedes Haus riecht anders. Selbst eine Stadt hat ihren Geruch!

Inneneinrichtung, der Raumschmuck etc. erzählten Bände. «Wie innen, so aussen.» Welche Möbel, Bilder und Gegenstände erblickt man in der Wohnung? Hängen Waffen oder Jagdtrophäen an der Wand? Wie wirkt das Schlafzimmer? Karg, kalt oder romantisch, verspielt? Fühlt man sich wie in 1001 Nacht? Welche Farben und Formen dominieren, welche Materialien? Was vermittelt der Eingang (Verschlossenheit, Abweisung oder Einladendes)? Die Eingangstüre ist entscheidend, nicht nur bei einem Verkaufsgeschäft oder Restaurant.

Analoges Denken

*«Die Phantasie ist wichtiger als das Wissen. Wissen ist beschränkt,
Phantasie umspannt die Welt.»*

Albert Einstein zugeschrieben, Physiker, 1879–1955

Denken ist kulturell geprägt. Die Psychologie kennt zwei Arten zu denken; das *analoge* sowie das *analytische* Denken. Das analytische, intellektuelle Denken können wir dem Yang zuordnen. Analoges Denken hingegen findet spontan, assoziativ statt. Es entspricht eher dem Yin. Durch verschiedene Denkweisen können komplexe Sachverhalte rascher erfasst werden. Beim analytischen Denken wird das Hauptobjekt fokussiert, man blendet die Umgebung aus, kategorisiert und ordnet. Analoges oder holistisches Denken versucht das Objekt in seinem Kontext zu sehen (Feldabhängigkeit). Analoges Denken arbeitet mit Gleichnissen, nicht mit Abstraktion. Das Sichtbare steht für etwas Anderes, hinter jeder Form verbirgt sich ein Prinzip. Insofern verkörpert die Einrichtung nach aussen gestellte Symbole. Diese wiederum bilden Brücken zu den dahinter stehenden Energien. Mit anderen Worten: Über die Form, die Verpackung gelangt man zum Inhalt.

Alles wird bedeutungsvoll: die Strassengabelung, an welcher ein Gebäude steht, die Umgebung (Bäume, Pflanzen oder Tiere), Vorhänge oder Rollos. Ein Feng Shui-Berater muss – gleich einem Detektiv – alles registrieren, jedes kleinste Detail, jeden Hinweis. Es ist eine anstrengende, tiefgründige Leseart! Und die Auseinandersetzung mit Symbolen ein «Must».

Astrologie, die Königin der Wissenschaft

Für die Übung des analogen Denkens eignet sich die westliche Astrologie. Wir sind gewohnt in Kategorien zu denken: Gattung, Ort, Farbe usw. Dieses Vorgehen entspricht dem horizontalen, analytischen Denken. Das analoge Denken folgt einer anderen, uns wenig vertrauten Ordnung: Steinbock, Schwarz, Skelett, Farn, Krähe usw. Hinter dieser Aufzählung steht ein Energieprinzip, dasjenige eines Tierkreiszeichens. In unserem Fall handelt es sich um den «Steinbock». Die folgende Zusammenstellung soll dies veranschaulichen:

Prinzip analog, senkrecht / Kategorien analytisch, horizontal	Schütze ♐	Steinbock ♑	Wassermann ♒
Orte	Pferderanch	Bergwerk	Zirkus
Blumen	Pfingstrose	Edelweiss	Strohblumen
Gemüse	Aubergine	Sellerie	Chicorée
Obst, Früchte	Ananas, Bananen	Nüsse, Dörrfrüchte	Kiwi
Vögel	Schwan, Gimpel	Krähe	Storch, Kranich
Edelstein	Lapislazuli	Diamant	Aquamarin
Metall	Zinn	Blei	Zink
Anatomie	Leber	Skelett	Nervensystem
Verkehrsmittel	Pferd	Bahn	Flugzeug
Farben	Königsblau	Schwarz	Blau, phosphorierend

Tabelle 13: Gegenüberstellung von analytischen und analogen Denkkategorien

Analoges Denken ist kreativ, es vermittelt eine ungeheure Sicherheit beim Erstellen von Konzepten: sei es in der Werbung, der Architektur oder Literatur. Man erkennt, was zusammengehört, was in die gleiche Analogiekette passt. Letztlich geht es um ein Erkennen der Energiemuster. Dabei dürfen auch die fünf Elemente nicht fehlen (Holz, Feuer, Erde, Metall und Wasser). Wem das zu abgehoben ist, der spürt es trotzdem: Ein rotes Sportauto ist schlicht stimmiger als ein blaues! Siehe dazu auch das Buch von Nicolaus Klein und Rüdiger Dahlke: «Das senkrechte Weltbild», 1992.

Zum Schluss: Ganzheitliches Denken beinhaltet selbstverständlich beide Arten von Denken: analog wie analytisch.

Das Wichtigste: Die Achtsamkeit

Wie in den vorangegangenen Kapiteln dargelegt, bildet das wache, bewusste Wahrnehmen einen Schlüssel des Feng Shui. Erstaunlich, wie unsensibel, ja blind sich Menschen durch die Welt bewegen: ausschliesslich auf sich selbst bezogen! Dies beginnt bei Verkäufern und Maklern, die nur ihren Abschluss fokussieren. Es setzt sich fort bei Architekten und Immobilienfirmen, welche die Kunden völlig ausblenden. Und geht weiter zu Küchenbauern oder Designern, denen die Bedürfnisse der Nutzer völlig egal scheinen. Achtsamkeit hat im Buddhismus eine zentrale Bedeutung. Achtsam sein heisst, sich seiner Gefühle, Gedanken und Handlungen bewusst zu sein. Sich auf die Gegenwart zu konzentrieren, das Hier und Jetzt. Achtsames Wahrnehmen bewertet nicht, es stellt einfach fest, was da ist.

Der achtgliedrige Pfad der Buddhisten
Die Achtsamkeit spielt auch anderswo hinein: Im Buddhismus gibt es den «edlen achtfachen Pfad», den Weg zur Aufhebung des Leidens. Er gliedert sich in drei Gruppen: Weisheit, Sittlichkeit und Vertiefung. Das siebte Glied bildet die «Achtsamkeit».

Die Aufmerksamkeit auf die Aussenwelt bewirkt eine erhöhte Präsenz. Das Bewusstwerden aller körperlichen Funktionen, der Sinnesreize, Emotionen und Gedanken zentriert im Jetzt. Man lebt weder in der Vergangenheit, noch schwelgt man in der Zukunft. Man ist bei der Sache, der Person, beim aktuellen Gespräch.

Für die Entwicklung dieser Fähigkeit empfiehlt sich die Meditation, dazu eine weitere Technik, der sogenannten «Awareness Walk». Man setzt dabei einen Schritt nach dem anderen, aufmerksam und gleichzeitig entspannt. Probieren Sie dies bei Ihrem nächsten Spaziergang aus. Gehen Sie Ihren Weg. Sie werden staunen!

In diesem Zusammenhang interessiert folgender Aspekt: Die Zahl «Acht» ist im Wort Achtsamkeit enthalten. Gleichzeitig handelt es sich um den *acht*gliedrigen Pfad. Die Zahl «Acht» hat nicht nur in der Numerologie eine Bedeutung (wo sie mit Reichtum und Macht assoziiert wird), wir kennen zudem die acht Himmelsrichtungen. Im Westen stechen Wortähnlichkeiten ins Auge: «Achtsamkeit», «Achtung», «Acht» und «Nacht», «nuit» und «huit», «otto» und «notte». Wie sagt der Volksmund? «Gib Acht, sonst wird's Nacht!»

Achtsamkeit in der Beratung
Nicht nur Feng Shui-Berater, alle Berater tun gut daran, sich in Achtsamkeit zu üben. Es sollte allerdings ein Wechselspiel sein: Aufmerksamkeit gegenüber dem Klienten, aber auch gegenüber sich selbst. Aus dieser Haltung

entspringt ein umsichtiger, ernster Umgang, der in seiner Einmaligkeit Beachtung findet. Der Erfolg beruht darauf, dass der Berater in die Welt des Gegenübers eintaucht, einen emotionalen Kontakt herstellen kann (Rapport, Empathie).

Hinsichtlich der Feng Shui-Beratung kommt ein weiteres Element hinzu: Die Wahrnehmung des Objektes. Was für Gefühle löst die Liegenschaft aus? Es kann passieren, dass Sie sich nach dem Betreten eines Grundstücks elend fühlen, Ihnen beim Verlassen eines Hauses übel wird. Achten Sie auf solche Signale, sie sind wichtig! Wenn die Konzentration leidet, die Gedanken abschweifen, sollten Sie sich fragen, was Sie derart ablenkt. Was stört, was bedarf einer Klärung und Lösung? Ein solches bewusstes Arbeiten, bewusstes Wahrnehmen des Klienten, der Liegenschaft und des Beratungsprozesses, erfordert Energie und höchste Konzentration. Dies mag wohl ein weiterer Unterschied zu vielen westlichen Architekten sein.

«Bunt ist meine Lieblingsfarbe» – Farblehre

«Bunt ist meine Lieblingsfarbe.»
Walter Gropius, Deutscher Architekt, 1883–1969

Der Wirkung von Farben kann sich niemand entziehen. Farben lassen ein Gebäude, einen Raum grösser oder kleiner, dunkler oder heller erscheinen. Die Atmosphäre verändert sich bei einem Farbwechsel total. Farben sind Energien mit unterschiedlichem Effekt, mit unterschiedlicher Wellenlänge und Frequenz. Sie beeinflussen unsere Stimmung, unsere Emotionen, sogar die Gesundheit. Schade, dass dieses Wissen nicht mehr genutzt wird! In Spitälern, Altersheimen und Schulen wäre der Einsatz von Farben äusserst sinnvoll. Ein bunter Anstrich zum Beispiel taucht Wartezimmer, Büroräume oder Kantinen in ein anderes Licht.

In Mitteleuropa ist man eher zurückhaltend bei der Anwendung von Farben. Oder man betrachtet bereits Grau als eine solche … Je südlicher wir reisen, umso farbenfroher werden die Fassaden. Farben bilden in Italien, Spanien oder Griechenland ein zentrales, auch innenarchitektonisches Element.

Die Farblehre beschreibt die Funktionen der Farben sowie ihre Erscheinungsweisen. Die westliche Richtung dieser Disziplin geht weitgehend auf die Lehre von Johann Wolfgang von Goethe zurück. Zu weiteren Autoren zählen: Philipp Otto Runge, Johannes Itten und Harald Küppers. Der Kulturunterschied zeigt sich am deutlichsten bei der Interpretation. In China zum Beispiel wird in Rot geheiratet, da Weiss die Farbe des Todes ist.

Westliche Farblehre
Die hiesige Farblehre basiert auf einigen Grundbegriffen, insbesondere den Farbfamilien und -modellen.

Familie	Farben
Primärfarben (Grundfarben)	Rot, Blau, Gelb
Sekundär- und Tertiärfarben	Entstehen durch Mischung der Primär- bzw. Sekundärfarben
Komplementärfarben	Paare, welche dem Farbkreis gegenüberliegen: Rot/Grün, Blau/Orange, Gelb/Violett
Pastellfarben	Farben mit hohem Weissanteil, Aufhellungen wie Hellblau, Rosa oder Zitronengelb
Warme und kalte Farben	Farben im Farbkreis neben Rot, Orange und Gelb sind warm. Farben im Farbkreis neben Blau, Violett sind kalt.
Hervortretende und zurücktretende Farben (ein räumliches Gefühl)	Warme Farben treten hervor. Kalte Farben treten zurück.
Schwarz und Weiss	Sind keine Farben! Sie sind Abtönungen, Aufhellungen oder Abdunklungen (wertvoll).

Familie	Farben
Neutrale Farben	Farbtöne wie: Crème, lederfarben oder Beige, Überbegriff von dezenten Farben, meistens weder warm noch kalt
Additive Primärfarben (Grundfarben bzw. Urfarben)	Rot, Grün, Blau
Acht Grundfarben nach Harald Küppers	Sechs bunte Farben: Orangerot, Grün, Blau, Cyanblau, Magentarot, Gelb Zwei unbunte Farben: Schwarz, Weiss

Tabelle 14: Die zehn Farbfamilien und die zugehörigen Farben

Farbmodelle

Um Farben quantitativ, das heisst mit Hilfe von Zahlen, beschreiben zu können, wurden verschiedene Modelle entwickelt, sie variieren je nach Anwendungsgebiet. Für die Architektur massgebend ist das NCS-Farbsystem (Natural Color System). Es stammt aus Schweden und bildet die ideale Grundlage, um Farben planen, analysieren, kontrollieren sowie über Farben kommunizieren zu können. Es orientiert sich an dem doppelten Farbkegel und den sechs Primärfarben *Leonardo da Vincis*: Gelb, Rot, Blau, Grün sowie Weiss und Schwarz. Im Gegensatz zum Itten-Farbkreis verwendet das System auch die Farbe Grün als Primärfarbe. Die Farben Rot, Blau, Gelb und Grün entsprechen den vier westlichen Elementen.

Farbpaletten

Unter einer «Farbpalette» versteht man die Liste der angewendeten Farben. Etwa dann, wenn man für ein Restaurant ein Farbkonzept erstellt. Die höchstens sechs Farben harmonieren in sich und greifen ein Thema auf, beispielsweise eine Herbstimmung. Die Linie sollte durchgehend erkennbar sein: Wand-/Bodenbeläge, Vorhänge, Mobiliar (Sofa, Tisch, Stühle, Schränke). Das Ganze muss in sich stimmig und geschlossen wirken. Bei der Kombination verschiedener Farbtöne am gleichen Objekt – zum Beispiel an einer Wand – ist darauf zu achten, dass der Sättigungsgrad derselbe ist.

Feng Shui-Farblehre

Leider wird der Farblehre in vielen Feng Shui-Schulen zu wenig Aufmerksamkeit geschenkt. Dabei stehen Farben (wie vieles andere auch) in direktem Zusammenhang mit der Fünf-Elementen-Lehre. Jedem Element werden eine oder mehrere Farben zugeordnet. Die entsprechenden Farben können stärken oder schwächen. Dasselbe gilt für die zugehörigen Himmelsrichtungen und deren Qualitäten. Eine zentrale Rolle spielt ausserdem der fördernde oder der zerstörende Zyklus:

	Rot Süden	
Grün Südosten		Gelb Südwesten
Grün Osten		Weiss Westen
Gelb Nordosten		Weiss Nordwesten
	Blau Norden	

Tabelle 15: Die acht Himmelsrichtungen und ihre Farbzuordnungen

Diesem System gegenüber stehen die acht Grundfarben nach Harald Küppers, aufgeteilt in bunte und unbunte Farben (Schwarz, Weiss):

	Gelb	
Rot		Grün
Weiss		Schwarz
Magenta		Cyanblau
	Blau	

Tabelle 16: Die acht Grundfarben nach Harald Küppers

Gemäss der Elementenlehre gehören folgende Farben zu den einzelnen Himmelsrichtungen:

Himmels-richtung	Element	Farbentsprechung	Förderliche Farben	Ungünstige Farben
Süden	Feuer	Rot, Orange, Purpur	Grün, Blaugrün	Blau, Schwarz
Westen	Metall	Weiss, Silber, Grau	Gelb, Ocker, Braun	Rot, Orange, Purpur
Norden	Wasser	Blau, Schwarz	Weiss, Silber, Grau	Gelb, Ocker, Braun
Osten	Holz	Grün, Blaugrün	Blau, Schwarz	Weiss, Silber, Grau
Südosten	Holz	Grün, Blaugrün	Blau, Schwarz	Weiss, Silber, Grau
Südwesten	Erde	Gelb, Ocker, Braun	Rot, Orange, Purpur	Grün, Blaugrün
Nordwesten	Metall	Weiss, Silber, Grau	Gelb, Ocker, Braun	Rot, Orange, Purpur
Nordosten	Erde	Gelb, Ocker, Braun	Rot, Orange, Purpur	Grün, Blaugrün

Tabelle 17: Himmelsrichtungen und ihre Farbentsprechungen

Nach Feng Shui lassen sich Farben gut oder schlecht kombinieren.
- Günstige Farbkombinationen: Blau und Grün, Gelb/Braun und Rot, Rot und Gelb, Gelb und Weiss, Weiss und Blau, zwei Blautöne mit einem Grünton, zwei Rottöne mit einem Gelb
- Äusserst günstige Kombinationen: (Lillian Too): Zinnoberrot und Gold, Schwarz und Weiss (Yin und Yang), dunkles Purpur und Silber
- Ungünstige Farbkombinationen: Rot und Blau, Rot und Weiss (Schweizer Kreuz), Grün und Weiss, Grün und Gelb, Gelb und Blau.

Farbe und Form

Farbe und Form haben auch im Feng Shui einen direkten Zusammenhang. Farben unterstützen die Form. Von den Prioritäten her kommen zuerst die Form, zweitens die Farbe, drittens das Material und zuletzt die Funktion. Im künstlerischen Prozess kann aus einer Farbe auch eine Form entstehen. Form und Farbe müssen zusammenwirken. Eine falsche Farbgebung stört die Form in ihrer Wirkung. Umgekehrt kann eine gut gewählte Farbe eine schlechte Form kaum wettmachen. Farbe und Form bedingen sich gegenseitig, sie sollten eine harmonische Einheit bilden. Auch hier ist die Natur ein gutes Vorbild, bei ihr sind die beiden Kriterien sinnvoll aufeinander abgestimmt.

Feng Shui-Farblehre in der Praxis

«Zu viele Farben gefährden das Sehen», wusste bereits Laotse. Ein Zimmer, in dem jede Wand in einer anderen Farbe gestrichen ist, führt zur Irritation, ja einer visuellen Überreizung: Wie in der Renaissance, als jede Wand mit Bildmalereien versehen wurde. Die Folge: eine totale Sinnesüberflutung.

Vor dem Einsatz von Farben sollten deren Zweck und Wirkung geklärt werden. Farben verstärken die Energiequalitäten einer Himmelsrichtung; insbesondere dann, wenn eine Himmelsrichtung (mangels Fenster oder Türe) nicht vertreten ist. Nachstehend finden Sie einen Überblick über die wichtigsten Farben und deren Zuschreibungen.

Rot	
Psychologische Wirkung	vital, kraftvoll, warm, behaglich, sinnlich, entschlossen, freundlich, mutig, selbstbewusst, erotisch, antidepressiv, wütend, ungeduldig, aggressiv
Assoziationen Gefühle (Farbgefühl) Symbolik	Liebe, Leidenschaft, Hitze, Erotik, Ferrari, Zorn, Wut, Krieger, Mars, Sozialismus, Kommunismus, Revolution, Scham, Linke, China, Sünde, Gefahr, Hölle, Farbe der Macht, Farbe der Kaiser, Märtyrer, Rotes Kreuz, Rotkäppchen, Rote Armee Signalfarbe: Stopp, verboten, negativ

Rot	
Natur	Feuer, Rubin, Granat Rose, Fuchsie, Abendrot, Rotbuche, Rotbarsch, roter Mohn, Rottanne, Rotkehlchen, Rotwild
Liturgie	Palmsonntag, Karfreitag, Pfingsten – Farbe des Heiligen Geistes Apostelfeste, Märtyrerfeste, Sakrament der Firmung, Kardinäle (Kleidung), Ministranten-Talare
Körper	Blut, Opferblut, rote Nase, Wangenrot, rote Haare, roter Kopf, Lippenrot
Esswaren	Äpfel, Erd- und Himbeeren, Kirschen, Rotkohl, Rotwein, Tomaten, Peperoni, Fleisch
Redensarten, Sprichwörter	Im Kalender rot anstreichen Das rote Tuch Rot sehen, Rotlicht rote Zahlen schreiben roter Faden roter Teppich
Feng Shui	Glück bringend, Glück, Reichtum, Wärme, Feuer, Kraft, Ruhm, Sommer, Süden, Glücksgeld-Couvert, Energiequelle, rotes Brautkleid
Chakra-Zuordnung	Wurzel-Chakra

Tabelle 18: Die Farbe Rot und ihre Auslegungen

Blau	
Psychologische Wirkung	Kühlt, reinigt, entspannt, bringt Frieden und Weisheit, weit wie Meer und Himmel, sensibel, hoffnungs- und vertrauensvoll, treu, flexibel, vermittelt Sicherheit und Akzeptanz

Blau	
Assoziationen Gefühle (Farbgefühl) Symbolik	Treue (verpflichtender Charakter), Freiheit, Kühle, Weite, Harmonie, Adel, Ferne, Sehnsucht, Wissen, Philosophie, Beständigkeit, Mässigkeit, am wenigsten materielle Farbe, Blausäure, Blaue Blume (Romantik), Blaubuch, Blaupause Signalfarbe: vorgeschrieben
Natur	Meer, Wasser, Himmel, Luft, Veilchen, Lapislazuli, Azurhit, Aquamarin, Blauwal, Blaukehlchen, Blaumeise, Blaubeere, Blaufeilchen, Blauspecht
Liturgie	Farbe für die Gottesmutter, Mariengewänder Keine eigenständige liturgische Farbe, galt früher für Marien- und Bekennerfeste
Körper	Blaue Augen, Venen
Esswaren	Brom- und Blaubeeren, Wachholderbeeren, Zwetschgen
Redensarten, Sprichwörter	Das blaue Wunder erleben … Blauer Montag, blaumachen, blau sein Fahrt ins Blaue, der blaue Brief Blaues Blut, blauer Dunst, mit blauem Auge davonkommen, blauer Planet, blaues Wunder erleben, das Blaue vom Himmel versprechen, Blaulicht, Blaukreuz
Feng Shui	Sekundäre Trauerfarbe, Norden, Winter, innere Ruhe und Stille, Mächte des Himmels
Chakra-Zuordnung	Hals-Chakra (Hellblau)

Tabelle 19: Die Farbe Blau und ihre Auslegungen

Gelb *(die Lieblingsfarbe von Vincent Van Gogh)*	
Psychologische Wirkung	Gute Laune, froh, leicht, heiter, geistig, anregend, logisch, intelligent, optimistisch, klares Denken, Vernunft und Logik, ordentlich, ängstlich. Reflektiert nach Weiss am meisten, Licht, Geiz und Neid
Assoziationen Gefühle (Farbgefühl) Symbolik	Sonne, Sommer, Gold, Frische, Fröhlichkeit, Lebensfreude, Post, Liberalismus, Neid, Hass, Eifersucht, Lamaismus, gelbe Rasse, Gelbsucht, Kommunikation, Fernwirkung Signalfarbe: eingeschränkt, teilweise, Zwischenzustand, Warnung
Natur	Sonnenblumen, Raps, Kornfeld, Löwenzahn, Schwefel, Tierreich: Schwarz-gelb = Warnfarbe: giftig
Liturgie	1. Weihnachtstag, Ostersonntag (Gold)
Körper	Galle
Esswaren	Zitrone, Eigelb, Grapefruit, Bananen, Ananas, Mais, Honig, Birnen, Safran
Redensarten, Sprichwörter	Gelb vor Neid Gelber Riese (China)
Feng Shui	Erde, Südwesten, Nordosten, Zentrum, Sinn für Toleranz, Geduld und Weisheit, Farbe des Kaisers, Ehrenfarbe
Chakra-Zuordnung	Solarplexus

Tabelle 20: Die Farbe Gelb und ihre Auslegungen

Grün	
Psychologische Wirkung	Harmonisiert, geistige und körperliche Entspannung, friedlich, natürlich, kühlt, beruhigt, ausgleichend, zufrieden, ruhigste Farbe, statisch, passiv

Grün	
Assoziationen Gefühle (Farbgefühl) Symbolik	Unreife, Gift, Natur, Jagd, Gesundheit, Garten, Ökologiebewegung, Hoffnung, Jugend, Farbe des Grals, Farbe des Paradieses, Beschaulichkeit, Grünspan Signalfarbe: erlaubt, vorhanden, Start, OK
Natur	Gras, Wald, Frühling, Smaragd, Blattgrün, Grünspecht
Liturgie	Kirchenjahr 2. – 32. Sonntag im Jahreskreis, Kardinaltugend: Hoffnung und Wachstum Liturgische Alltagsfarbe (= Hoffnung)
Körper	Augen, Gallensäfte
Esswaren	Grünkohl, Spinat, Oliven, Pfefferminze, Basilikum, Broccoli, Zucchini, Kopfsalat, Gurken, Erbsen, Bohnen, grüne Paprika, Kiwis, Kräuter
Redensarten, Sprichwörter	Auf keinen grünen Zweig kommen Einem nicht grün sein (nicht wohlgesinnt) Komm an meine grüne Seite (ans Herz kommen) Am grünen Tische entscheiden (ohne Praxisbezug) Auf der grünen Wiese Gründonnerstag Grünzeug, Fahrt ins Grüne, grüne Grenze, Grünfutter, Greenhorn, Green-Card Grün hinter den Ohren sein Dasselbe in Grün
Feng Shui	Ruhe, Hoffnung und Frische, Osten, Holz, Wachstum, Farbe des Lebens, Frühling, öffnet dem Glück Tür und Tor
Chakra-Zuordnung	Herz-Chakra

Tabelle 21: Die Farbe Grün und ihre Auslegungen

Braun	
Psychologische Wirkung	Aufbauend, erdhaft, unterstützend, Rückzug, engstirnig, passiv, leibbetont, Triebfähigkeit, Verwurzelung
Assoziationen Gefühle (Farbgefühl) Symbolik	Gemütlichkeit, Dreck, Nationalsozialismus, Tradition, Kühe, Fäkalien, Moor, Ton, Kastanienbraun, Braunbier, brauner Zucker
Natur	Lehm, Erde, Braunbär, Wild, Herbstblätter
Liturgie	---
Körper	Haare, Augen, Haut, Fäkalien
Esswaren	Schokolade, Kaffee, Brot, Pilze
Redensarten, Sprichwörter	Braunhemden Brauner (= Nazi), «braune Zunge»
Feng Shui	Schwere, Wurzel des Holzes, Stabilität, Herbst (Laub)

Tabelle 22: Die Farbe Braun und ihre Auslegungen

Es wird somit klar, dass (wie kürzlich in einem Grossbetrieb gesehen), ein interner, eigens dafür geschaffener Raum mit dem Namen «Think tank» nicht in Brauntönen gestrichen sein sollte: engstirnig, passiv, erdhaft. Die Farbe ist nicht lösungsorientiert, sie kann weder zu Visionen noch zu geistigen Höhenflügen führen.

Orange	
Psychologische Wirkung	Wärme, Geborgenheit, überschwänglich, kreativ, anregend, lustig, belebend, gute Laune, Lachen und Freude, unabhängig, ziellose hektische Erregtheit, Neuanfang

Orange	
Assoziationen Gefühle (Farbgefühl) Symbolik	Erfrischung, Fröhlichkeit, Jugend, Widerstand, Buddhismus: höchste Erleuchtung, das Exotische, Holland, Fürstentum Orange (Südfrankreich)
Natur	Sonnenuntergang
Liturgie	---
Körper	---
Esswaren	Orange, Südfrüchte: Mangos, Papayas, Karotten, Aprikosen, Pfirsiche
Redensarten, Sprichwörter	---
Feng Shui	Mischung Rot/Gelb, Glück verheissend, Glück und Macht
Chakra-Zuordnung	Sakralchakra

Tabelle 23: Die Farbe Orange und ihre Auslegungen

Violett	
Psychologische Wirkung	Dramatisch, spirituell, kreativ, intuitiv, meditativ, mystisch, inspiriert zu Schönheit und Kunst, schützt, reinigt, vereinigt männlich und weiblich (rot + blau), medial, von Homosexuellen bevorzugt
Assoziationen Gefühle (Farbgefühl) Symbolik	Frauenbewegung, mystisch, Alter, Trauer, Entsagung, Würde, lutherischer Protestantismus, Busse (Katholiken), Besonnenheit, Weisheit und Liebe, Vollendung einer Inkarnation,
Natur	Lavendel, Flieder, Schmetterlinge, Libellen, Regenbogen

Violett	
Liturgie	Adventszeit Fastenzeit Bussgottesdienste, Sakrament der Busse/Beichte (Stola), Beerdigung (Gewand, Stola) Busse, Umkehr, Besinnung, Übergang und Verwandlung
Körper	---
Esswaren	Aubergine, Artischocken, Thymian, Holunder, Zwetschgen
Redensarten, Sprichwörter	---
Feng Shui	Hängt davon ab, welcher Ton vorherrscht (Blau oder Rot)
Chakra-Zuordnung	Kronen-Chakra

Tabelle 24: Die Farbe Violett und ihre Auslegungen

Rosarot	
Psychologische Wirkung	Beruhigt und lindert, sanft wärmend, aufbauend, freundlich, umsichtig, selbstlose Liebe. Das Weiss nimmt die Kraft des Roten, sanft und weich
Assoziationen Gefühle (Farbgefühl) Symbolik	Kindlich, süss, Barbie (naiv), weiblich, aggressionshemmend
Natur	Flamingo, Ferkel, Blumen
Liturgie	3. Adventsonntag (Gaudete) 4. Fastensonntag (Laetare) Farbe der Vorfreude, keine eigenständige Liturgiefarbe
Körper	Gesicht (rosa Wangen)

Rosarot	
Esswaren	---
Redensarten, Sprichwörter	Rosarote Brille, auf rosa Wolken schweben, «La vie en rose»
Feng Shui	Liebe, reine Gefühle, Freude, Glück und Verliebtheit, Leichtfertigkeit von Frauen, Farbe der Unzucht

Tabelle 25: Die Farbe Rosarot und ihre Auslegungen

Weiss	
Psychologische Wirkung	Friedlich, kalt, reinigt, isoliert, schafft Raum zum Nachdenken
Assoziationen Gefühle (Farbgefühl) Symbolik	Unschuld, Reinheit, Jungfräulichkeit, Medizin, absolute Wahrheit, Papier, Wäsche, das Weisse Haus, Weisser Sonntag, Weissbuch, Weissglut, weisse Hochzeit China: Trauer
Natur	Schnee, Edelweiss, Schwan, Eisbär, Rosen, Jasminblüten, Lilien, Möwe
Liturgie	Hochfeste: Osterzeit/Weihnachtszeit, alle Christusfeste: Dreifaltigkeit, Fronleichnam, Christkönig, Marien- und Heiligenfeste Taufe, Taufkleid, Trauung, Eucharistie Farbe des Lichts, Reinheit, Vollkommenheit
Körper	Zähne, Augenweiss, weisse Blutkörper, Haar
Esswaren	Weisskohl, Weissbrot, Weissbier, Eier
Redensarten, Sprichwörter	Weisse Magie, weisse Weste, weiss waschen,
Feng Shui	Westen, Herbst, Alter
Chakra-Zuordnung	Stirn-Chakra (drittes Auge), teilweise Indigoblau

Tabelle 26: Weiss und seine Auslegungen

Schwarz	
Psychologische Wirkung	Tröstet, geheimnisvoll, feminin, schützt, schränkt ein, bevorzugt in Krisen, psychisch belastet, Neurotiker
Assoziationen Gefühle (Farbgefühl) Symbolik	Tod, Trauer, konservativ, seriös, Macht, Bosheit, unerlaubter Handel (Schwarzmarkt), Kirche, orthodox, Leere, Totenreich, Finsternis, Nacht, Kohle, Russ, Weltverachtung, Schwarze Meer, Schwarzwald, Schwarzbrot, Schwarzarbeit, Schwarzpulver, Abgrenzung
Natur	Steinkohle, Basalt, schwarze Katze
Liturgie	Farbe bei Trauergottesdiensten und Begräbnissen, die durch Violett oder Weiss ersetzt werden kann, zum Beispiel beim Auferstehungsgottesdienst. Farbe der Trauer, Feierlichkeit (früher am Karfreitag)
Körper	Haare, schwarze Hautfarbe
Esswaren	Schwarzwurzel
Redensarten, Sprichwörter	Sich schwarz ärgern Warten, bis man schwarz wird Ins Schwarze treffen Schwarz sehen, Schwarz fahren, Schwarz auf Weiss Schwarzes Brett, Schwarzes Schaf Schwarze Magie, Schwarzgeld Den Schwarzen Peter zuschieben, Schwarzer Freitag, Schwarzer Rabe, Schwarzer Mann
Feng Shui	Tiefe (Gemüt + Perspektive), vgl. schwarze Tusche, fehlende Hoffnung, düstere und niedergedrückte Stimmung, Wasser, Norden, Tod, Dunkle

Tabelle 27: Schwarz und seine Auslegungen

Grau	
Psychologische Wirkung	Unabhängig, selbstbewusst, trennend, einsam, selbstkritisch, Neutralität, elegant, langweilig
Assoziationen Gefühle (Farbgefühl) Symbolik	Trist, Farblosigkeit, Neutralität, grauer Star, Unauffälligkeit, Depression, schüchtern, undefiniert, Grauschimmel, Beton
Natur	Nebel, Elefant, Maus, Morgengrauen, Delfin, Nashorn, Nebel, Steine
Liturgie	---
Körper	Graue Haare, graue Schläfen
Esswaren	---
Redensarten, Sprichwörter	Graue Eminenz Grauzonen, Graubereich, die kleinen grauen Zellen, graue Maus (unscheinbar, neutral), grauer Alltag, graue Zukunft, «Mir graut's», graue Theorie, graue Vorzeit, «Grau in Grau sehen»
Feng Shui	Doppeldeutig, Metall, Nordwesten, Westen, Vermählung der Gegensätze (Yin + Yang, Schwarz und Weiss)

Tabelle 28: Die Farbe Grau und ihre Auslegungen

Farben in der Raumgestaltung

Feng Shui erstellt die Farbkonzepte zumeist nach den Himmelsrichtungen. Allerdings kann man auch Raumfunktionen mit entsprechenden Farben unterstützen. Eine lindengrüne Haustüre zum Beispiel wirkt freundlich, einladend (sofern sie zum Gesamtkonzept bzw. der Himmelsrichtung passt).

Raumfunktion	Mögliche Farbkonzepte
Empfang/Entrée: Visitenkarte, Aufnahme, Erster Eindruck	Helle, frische Farben: Hellblau, Hellgrün
Wohnzimmer: Kommunikation, Treffpunkt, Geborgenheit, Zusammensein	Warme Farben: Gelb, Orange, Rot
Küche: Kochen, Zubereitung von Speisen, Sauberkeit Appetit	Warme Farben: Gelb, Orange, Weiss Akzentfarbe Rot
Esszimmer: Appetit, Versorgung, Kommunikation	Appetitanregende, genussfördernde Farben, eher helle Töne: Gelb, Orange, Rot
Elternschlafzimmer: Regeneration, Ruhe, Erotik	Zur Entspannung: eher kalte Farben, Hellblau, Rosa oder Hellgrün. Zur Förderung der Erotik: Orange, Rot
Kinderzimmer: Kreativität, Spiel, Regeneration	Zarte Grüntöne
Arbeitszimmer: Konzentration, Weiterentwicklung	Dezente Grün- und Gelbtöne
Bad/WC: Reinigung, Loslassen	Blau, Schwarz, Grau, Weiss

Tabelle 29: Raumfunktionen und ihre farbliche Unterstützung

Ideal ist eine harmonische Kombination zwischen den Wand- und Bodenfarben sowie dem Mobiliar. Bei der Auswahl sollten einige Grundregeln berücksichtigt werden: Wie präsentiert sich der Raum: gross, hell, dunkel oder klein? Welches sind die Lieblingsfarben der Bewohner? Welche Bedürfnisse und Anliegen bringen sie vor? Wie steht es um ihre Gesundheit? Welche Art von Beratung wünschen Sie (Anregung oder Beruhigung)? Erst aufgrund dieser Vorabklärungen kann ein individuelles Farbkonzept erstellt werden.

Farben und Branchen

Branchenzuordnungen zu verschiedenen Farben äusserst wichtig, insbesondere, wenn es um das Corporate Design, das visuelle Erscheinungsbild eines Unternehmens geht. Diese Festlegung betrifft die Aufschriften, das Logo, das Briefpapier etc. Die Farben müssen die geschäftlichen Aktivitäten unterstützen und fördern. Hierzu gehört auch die Fassade eines Geschäftshauses.

Mit anderen Worten: Die Architektur sollte mehr Farbe bekennen, den grauen Alltag bunter werden lassen.

Zahlen erzählen: Numerologie

«Das Buch der Natur ist mit mathematischen Symbolen geschrieben. Genauer: Die Natur spricht die Sprache der Mathematik: die Buchstaben dieser Sprache sind Dreiecke, Kreise und andere mathematische Figuren.»
Galileo Galilei, italienischer Erfinder und Naturwissenschaftler, 1564–1642

In der Numerologie bzw. der Zahlenmystik geht man davon aus, dass Zahlen oder Zahlenkombinationen einen tieferen Sinn haben – über die mathematische Funktion hinaus. Bereits die Pythagoräer massen dem eine grosse Bedeutung zu. «Die Zahl ist das Mass aller Dinge», stellte Pythagoras fest. Auch wenn wir keine Numerologen sind, so kennen wir spezielle Zahlen: sei es aus der Bibel oder der Märchenwelt (die Sieben, die Zwölf oder die Dreizehn). Den Zahlensymbolen der Märchen wird zudem eine magische Bedeutung zugesprochen.

Wer mit Zahlen arbeitet, muss wissen, dass es unterschiedliche Systeme und Interpretationen gibt. Wir kennen die griechische, die biblische, die babylonische, die kabbalistische sowie die chinesische Zahlensymbolik. Auch im Feng Shui kommt den Zahlen eine besondere Stellung zu. Im ostasiatischen Raum werden die Zahlen allerdings auf andere Art interpretiert.

Westen: Namens- und Schicksalsanalyse

Die gebräuchlichste westliche Numerologie geht auf die Kabbala zurück. Zentral ist der Lebensbaum mit den zehn Sephiroth (von safar: «Zahl»), welche die göttlichen Emanationen darstellen. Selbst Umberto Eco hat die Kapitel seines Romans «Das Foucaultsche Pendel» nach den zehn Siphiroth benannt. Das hebräische Alphabet mit den 22 Zeichen sowie der Tarot übten gleichfalls ihren Einfluss aus. In der *Gematrie* wird der persönliche *Namen* dazu verwendet, um die tiefere Bedeutung zu erschliessen. Dabei wandelt man die Buchstaben in Zahlen um: A = 1, B = 2 usw. Aus der resultierenden Zahlenreihe zieht man anschliessend die Quersumme. Die *Onomantie* geht noch einen Schritt weiter: Sie beruht auf der gleichen Technik, leitet aus dem Namen bzw. der ermittelten Zahl die Zukunft ab.

1	2	3	4	5	6	7	8	9
A	B	C	D	E	F	G	H	I
J	K	L	M	N	O	P	Q	R
S	T	U	V	W	X	Y	Z	

Tabelle 30: Zahlen und die ihnen zugeordneten Buchstaben

Der Name Hans Meier ergibt die Summe 47 (8 + 1+ 5 + 1+ 4 + 5+ 9 + 5 + 9 = 47). Deren Quersumme liefert die *Namenszahl 2* (47 = 4 + 7 = 11 und nochmals 1 + 1 = 2). Dieses Verfahren beweist: Namensänderungen zeitigen ihre Auswirkungen!

Eine weitere Methode ist die Analyse des *Geburtsdatums*. Hier wird ebenfalls die Quersumme ermittelt. Ist Hans Meier am 15. April 1946 geboren, so ergibt dies die Quersumme bzw. die *Geburtszahl 3* (15.4.1946 = 1 + 5 + 4 + 1 + 9 + 4 + 6 = 30; 3 + 0 = 3).

Aus der Namens- und der Geburtszahl lässt sich die so genannte *Schicksalszahl* ableiten – konkret durch Summierung. In unserem Beispiel ergibt dies die Zahl 5 (2 + 3). Künftige Ereignisse, zum Beispiel die Unterzeichnung eines Kaufvertrags, können im Voraus analysiert werden: indem man die Quersumme des Ereignisdatums mit der eigenen Schicksalszahl addiert. Würde Hans Meier am 9. Mai 2008 heiraten, so ergäbe dies die *Ereigniszahl* 6 (9 + 5 + 2 + 0 + 0 + 8 = 24; 2 + 4 = 6). Addieren wir die Schicksalszahl von Hans Meier und die Ereigniszahl, so ergibt dies die Zahl 2 (5 + 6 = 11; 1 + 1 = 2).

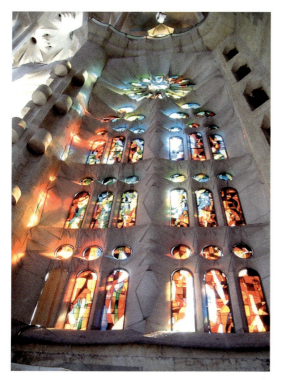

Beispiel einer Raumatmosphäre, verursacht durch das mystische Licht der farbigen Fenster (Kathedrale Sagrada Familia in Barcelona, konzipiert von Antoni Gaudí).

Die Natur weist häufig geschwungene Formen auf, die Bewegungen sind fliessend. Auf die gleiche Weise verläuft das Chi, die universelle Kraft.

Formenlehre: Die Hagia Sophia in Istanbul ist auf zwei Grundprinzipien aufgebaut: demjenigen des Kreises oder der Kugel (Element Metall) und demjenigen des Quadrats oder des Kubus (Element Erde). Die Türme entsprechen dem Holz-Element, die Turmspitzen dem Feuer-Element.

Die Villa Barbaro in Maser (Treviso), Architekt: Andrea Palladio. Dieser Bau verkörpert vollendete Harmonie und Symmetrie. Man beachte den Ming Tang vor der Villa, den Energie-Sammelplatz sowie die Löwenskulpturen in ihrer Symbolik als Wächter.

Einer der vielen Kamine auf dem Dach der Casa Milà (La Pedrera) in Barcelona. Er gehört zum letzten zivilen Bauwerk von Antoni Gaudí. Selbst dieses Detail vereint auf perfekte Weise Funktionalität und Design.

Woran erinnert Sie dieses Dach? An einen Drachenrücken? Form und Farbe werden hier brillant kombiniert. Architekt: Antoni Gaudí.

Art und Richtung der Eingangstüre entscheiden, wie viel Energie in ein Gebäude hereinkommt. Der spanische Architekt Antoni Gaudí überliess auch diesbezüglich nichts dem Zufall. Die von ihm entworfene Eichenholztüre mit Reliefen und Eisenbeschlägen steht in Barcelona (Casa Batlló).

Eindrückliches Negativ-Beispiel aus der Gastronomie: Ein Speisesaal in Frankreich, dem jegliche Atmosphäre fehlt. Alles scheint kühl, beliebig und konzeptlos, selbst die Bilder!

Diese Treppe ist aus Feng Shui-Sicht mustergültig: rechtsdrehend, wohlgeformt und geschlossen (Casa Batlló, Barcelona, entworfen von Antoni Gaudí).

Selbst unmöbliert strahlt der Praxisraum eine starke Kraft aus: Farbe und Material sind optimal aufeinander abgestimmt (Bodenbelag: kanadisches Ahorn-Parkett).

In diesem Wohnzimmer bilden Raumschmuck, Mobiliar und Wandfarbe eine wohltuende farbliche Einheit.

Der Raumausschnitt besticht durch das harmonische Farbkonzept: Die orangefarbene Wand hinter dem Ofen unterstreicht das Element Feuer.

Auch Hunde bevorzugen das Prinzip von Schildkröte, Drachen, Tiger und Phönix. Es bietet Rückendeckung mit Seitenschutz und Blick in den Raum, vgl. Seite 151. So hat der Vierbeiner einen sicheren Platz mit Aussicht.

Ein negativer Effekt ergibt sich bei zu langen, geraden Strassen, Eisenbahnlinien und Autobahnen. Das Chi wird zu stark beschleunigt, es wandelt sich zu Sha Chi. Im vorliegenden Fall kommt ein weiterer Negativfaktor hinzu: der Elektrosmog. Die Häuser liegen zu nahe an den Stromleitungen.

Die Pfingstrose bringt gemäss Feng Shui Eheglück, Reichtum und Ehre. Für die Chinesen ist sie die Königin der Blumen. Sie repräsentiert die weibliche Schönheit. Setzen Sie diese Pflanze im Südwesten Ihres Gartens!

Kunst am Bau: Eine stachelige Skulptur von Attila Onaran vor dem Eingang eines Geschäftshauses in Istanbul. Frage: Hält das abstrahlende Sha Chi vielleicht die Kunden fern?

Das Wort «Schicksal» sollte in diesem Zusammenhang durch «Lebensaufgabe» oder «Lebensweg» ersetzt werden. Selbst die bekannte Psychologin und Managementtrainerin Vera F. Birkenbihl ist von der Numerologie überzeugt. Sie postuliert, dass dieses Wissen zu einer besseren Selbsterkenntnis und Menschenkenntnis führt.

Zurück zur Architektur: Die räumliche Dimension hat ebenfalls mit Zahlen zu tun (Mass, Proportion, Verhältnisse). Konkret dient sie zur Ermittlung der richtigen Anzahl Säulen oder Stufen. Es gibt unzählige Anwendungsmöglichkeiten und Zahlensysteme, auf die hier leider nicht näher eingetreten werden kann.

Östliche Zahlensymbolik

Auch im Westen werden die Haus-, Telefon-, Auto- und Kontonummern analysiert, allerdings nicht so konsequent wie in China. Die Chinesen sind überzeugt, dass Zahlen Glück oder Unglück bringen. Alles, was existiert, trägt ein Zahlengeheimnis in sich. Die chinesische Zahlenmystik geht nachweisbar auf die frühesten Dynastien zurück. Wenn wir die chinesische Zahlenmystik ergründen, so stellen wir fest, dass die Zahlen einen grossen Bezug zu den fünf Elementen aufweisen. Dies müssen wir uns stets vor Augen halten. Ausserdem korrespondieren die Zahlen mit den Trigrammen des I Ging und der chinesischen Astrologie, den zwölf Tierkreiszeichen sowie den zehn Himmlischen Stämmen. Da alles polar ist, betrifft dies auch die Zahlen: Gerade Zahlen entsprechen Yin, ungerade Zahlen Yang. Tendenziell sind Yang-Zahlen günstiger. Dies stellte sogar Shakespeare fest: «... die ungerade Zahl bringt Glück.»

Wichtig sind zudem die *Homophone* (das gleich Klingende), das heisst die Wörter, welche bei gleicher Aussprache unterschiedliche Bedeutungen haben. Diese Mehrdeutigkeit kommt auch in der Numerologie zum Tragen. So besitzt die chinesische Zahl «Vier» eine Lautähnlichkeit mit «Tod». Darin liegt der Grund, weshalb diese Zahl derart gemieden wird wie bei uns die Dreizehn. Die Zahl «Acht» hingegen klingt ähnlich wie das Wort «Reichtum». Die Aussprache von «Hirsch» (lu) erinnert an «gutes Einkommen»; dieser Umstand erklärt die Beliebtheit des Tiers. Nachstehend die wichtigsten Zahlen und ihre Bedeutungen:

Zahl	Chinesische Interpretation	Westliche Interpretation
1	Das Vollkommene, das Ungeschiedene, Anfang, das Allerhöchste, Grösste (Tai Chi), Himmel, Einheit, Führerschaft Yang-Qualität Element Wasser Tierkreiszeichen: Ratte	Ursprung, Einheit, Urgrund, Punkt, das Unteilbare, das Göttliche, Schöpfungsimpuls, Initiative Sephira Kether: Krone Tarot: Der Magier Tierkreiszeichen: Widder
2	Polarität, Yin und Yang, Paar, Trennung, Ehre, Symmetrie Yin-Qualität Element Erde Tierkreiszeichen: Büffel	Polarität (komplementär), Dualismus, Zweifel, Zwist, Dilemma, Gegensatz, zwei Brüder (Kain und Abel), Zwillinge, Alternative, Ambivalenz, Teilungsakt, Dichotomie (Trennung, Unterteilung), Schwarz-Weiss-Malerei, Linie, die zwei Säulen «Boas und Jachin» am Tor zum Tempel von Jerusalem Sephira Chockmah: Weisheit, Klugheit Tarot: Die Hohepriesterin Tierkreiszeichen: Stier
3	Triade: Himmel, Erde und Mensch, die Drei Reinen, Vielheit, Stabilität, drei Wünsche, Wachstum, gute Zahl, tönt klanglich wie «lebendig» Yang-Qualität Element Holz Tierkreiszeichen: Tiger	Trinität (Gott Vater, Sohn und der Heilige Geist; Isis, Osiris und Horus; Brahma, Vishnu + Schiwa), umfassende Synthese (These-Antithese), «Aller guten Dinge sind drei», drei ist eine heilige Zahl, drei Grundfarben, Dreiklang, Aktion, Dreieck, aus der Vereinigung der Gegensätze entsteht etwas Drittes (Mann + Frau = Kind), Gottes Auge im Dreieck, drei Stufen Sephira Binah: Intelligenz, Einsicht Tarot: Die Herrscherin, die Kaiserin Tierkreiszeichen: Zwilling
4	Unglückszahl: Sterben, Tod; sehr unbeliebte Zahl, die vier Alten im Maoismus (Kultur, Gewohnheiten, Gebräuche	Materie, irdische Wirklichkeit, vier Himmelsrichtungen, Stabilität, materielle Ordnungszahl, vier Evangelien, vier Elemente, vier Jahreszeiten, vier Paradiesströme, vier Erzengel, Quadrat, Würfel, Quartal, Vier-Farben-Druck, vier Temperamente

Zahl	Chinesische Interpretation	Westliche Interpretation
	und Gedankengut) Yin-Qualität Element Holz Tierkreiszeichen: Hase	Quaternität, Adventskranz mit vier Kerzen, Kreuz; Es gibt unzählige Vierergruppen Sephira Chesed: Liebe, Gnade Tarot: Der Herrscher, der Kaiser Tierkreiszeichen: Krebs
5	Wichtige Zahl, «Fünffaches Glück», fünf Elemente, Farben, Gerüche und Töne, Mitte, Komplexität Yang-Qualität Element Erde Tierkreiszeichen: Drache	Mensch, Pentagramm, Zahl der Hochzeit, Zahl der Venus, Quintessenz, fünf Säulen der Muslime (Grundsätze), Pentateuch, Pentagon, fünf platonische Körper, «fünftes Rad am Wagen» Sephira Geburah: Gerechtigkeit, Stärke Tarot: Der Hierophant Tierkreiszeichen: Löwe
6	Reinheit, Friedfertigkeit, künftiger Reichtum (Erbe, Spiel). Diese Zahl spielt in China eine untergeordnete Rolle. Yin-Qualität Element Metall Tierkreiszeichen: Schlange	Harmonie, Zahl der Schöpfungstage, Davidstern bzw. Siegel Salomons, Hexagramm, vollkommene Zahl! Vereinigung der Gegensätze von Feuer (r) und Wasser (s), Sechseck Sephira Tiphareth: Schönheit, Ruhm Tarot: Die Liebenden Tierkreiszeichen: Jungfrau
7	Sieben Gestirne, Unstetigkeit, Ärger, Chaos, Zahl für die Entwicklung der Frau Yang-Qualität Element Metall Tierkreiszeichen: Pferd	Ganzheit, Fülle, Ruhe und Frieden, göttliche 3 + irdische 4, sieben Chakras, Wochentage, sieben Planeten; siebenarmige Leuchter Menora, sieben fette und magere Jahre, sieben Sakramente, Tugenden, Todsünden; sieben Weltwunder, Musen, «Buch mit sieben Siegeln», der siebte Himmel, sieben Weltmeere, Siebenstiefel, sieben Zwerge, Siebenschläfer, das verflixte siebte Jahr, Sieben ist eine heilige Zahl, Siebenstern, Agent 007, der Tempel

Zahl	Chinesische Interpretation	Westliche Interpretation
		der Weisheit hat sieben Säulen, geistige Schlüsselzahl, sieben Strahlen Sephira Nezach: Triumph, Dauer Tarot: Der Wagen, der Triumphwagen Tierkreiszeichen: Waage
8	Acht Pfeiler des Himmels, acht Trigramme, Bagua, Reichtum, Macht, Autorität, achtgliedriges Pfand des Buddhismus, Symbole der acht Gelehrten, der acht Musikinstrumente und der acht Unsterblichen, Zahl für die Entwicklung des Mannes Yin-Qualität Element Erde Tierkreiszeichen: Ziege	Unendlichkeit (Lemniskate), geistige Wiedergeburt, Neuanfang auf höherer Ebene, Oktogon, Oktave, am achten Tag findet die Beschneidung statt; in Noahs Arche waren acht Menschen, Zwischenwelt (Quadrat = Erde, Kreis = Himmel) und somit Schwelle, Christus, Symbol der Auferstehung (achteckiges Taufbecken), Gerechtigkeit, Acht – Nacht Sephira Hod: Pracht, Glanz Tarot: Die Stärke Tierkreiszeichen: Skorpion
9	Fülle, Erfüllung, neun Quellen, Potenz der Drei, Würde, der neunte Himmel, Ordnung, Lo-Shu-Diagramm Yang-Qualität Element Feuer Tierkreiszeichen: Affe	Dauer der Schwangerschaft, Zahl der Vorbereitung und Sammlung, neun Kegel, neun Köpfe der Hydra, neun Musen, die vollendete Drei (3 x 3) – Ende eines Zyklus, neu – neun, letzte einstellige Zahl, Kehrbild der 6, Schlüsselzahl in vielen Einweihungsriten (Vorbereitungszeit), Selbsterkenntnis; Multipliziert man die Neun, so ergibt das Resultat in der Quersumme immer wieder neun! Die Zahl bleibt sich treu. Dividiert man eine Zahl durch neun, verbleibt immer ein Rest, dessen Quersumme der Ausgangszahl entspricht. Sephira Jesod: Fundament, Grundstein Tarot: Der Eremit Tierkreiszeichen: Schütze

Zahl	Chinesische Interpretation	Westliche Interpretation
10	Zuoberst, höchst, komplett, zehn himmlische Stämme Yin-Qualität Tierkreiszeichen: Hahn	Vollendung, Vollkommenheit, den Zehnten (Steuer), zehn Gebote, zehn ägyptische Plagen, zehn Aussätzige und Jungfrauen, die göttliche Drei + die Sieben, zehn Sephirot (Energiezentren), 1+2+3+4 = 10, die heilige Tetrakys Sephira Malkuth: Wirklichkeit, Welt Tarot: Rad des Schicksals, das Glücksrad Tierkreiszeichen: Steinbock
11	Die Zahlen werden einzeln betrachtet 1 + 1 Yang-Qualität Tierkreiszeichen: Hund	Elferraus, Elfmeter, die Elf, 5 + 6 = 11, 11. September, 11.11. um 11 Uhr 11, Eins über der Zehn, Zahl der Sünde (über die Zehn Gebote hinaus), das Labyrinth von Chartres soll elf Umgänge (Verwirrung) haben, letzte Stunde, Zahl der Schweizer Stadt Solothurn, die elf Strahlen Marduks, elfsaitige Harfe aus Telloh Tarot: Die Gerechtigkeit Tierkreiszeichen: Wassermann
12	Beliebte Zahl, «sehr leicht», grosse kosmische Zahl, zwölf Tierkreiszeichen Yin-Qualität Tierkreiszeichen: Schwein	Zwölf Tierkreiszeichen, zwölf Stämme Israels, Apostel, Monate, göttliche Drei mal die irdische Vier oder fünf und sieben, zwölf Prüfungen des Herakles, heilige Zahl, König Artus' Tafelrunde, Jerusalem hat zwölf Tore, zwölf Raunächte, zwölfjähriger Jupiterumlauf Tarot: Der Gehängte Tierkreiszeichen: Fisch
13	Störung und Unvollkommenheit, hat weder im Zwölfer noch im Zehnersystem Platz, im Mondkalender heisst der 13. Monat in den Schaltjahren «Herr der Bedrängnis», Schimpfwort «Dreizehn Punkte» Yang-Qualität	Unglückszahl, teuflische Zahl, Freitag (Venustag), der 13. ist ein schwarzer Tag, Transformationskraft, der Tod, ungeladener Gast (13. Fee), in der matriarchalischen Zeit, als der Mondkalender noch galt, war die Dreizehn eine heilige Zahl. In der Magie spielt die Dreizehn eine wichtige Rolle; 13. Monatslohn, Ende des Tierkreises (Fische) und überschreitet somit ein geschlossenes System, 13. Zimmertür Tarot: Der Tod

Zahl	Chinesische Interpretation	Westliche Interpretation
14	Ist zu meiden, wegen der Zahl vier	Helfen und Heilen, der in 14 Teile zerrissene Osiris, verdoppelte Sieben, der Kreuzweg besteht aus vierzehn Stationen, Vierzehn Heilige (Nothelfer), «14 Tage» ist ein Zeitbegriff, Basilika der Vierzehnheiligen (Neumann), 14 Stationen bei den Prozessionen, Kindergebet mit 14 Engeln (Abendsegen), Mondzahl – Mondzyklus (die Hälfte von 28) Tarot: Der Ausgleich, Mässigkeit
15	Die fünfzehn Schritte des Yü (rituelle Durchschreitung des Bagua), Yang-Qualität	Zahl des Vollmondes (kleine Mondzahl), der summerischen Himmelsgöttin «Ischtar» und Venus (Ischtar-Venus-Marienkult), 15 Geheimnisse des Rosenkranzes, Höhepunkt, Reife, 15-stufige Treppen, die heilige Drei wird mit der Fünf, der Zahl des Menschen, multipliziert. 1 + 2 + 3 + 4 + 5 = 15 Tarot: Der Teufel

Tabelle 31: Die Zahlen 1 bis 15 mit ihren Bezeichnungen

Die Zahl Acht ist in beiden Kulturkreisen äusserst bedeutsam. In China gilt sie als Glückszahl. Die Chinesen bilden nicht die Quersumme einer Zahlenkombination, sondern betrachten jeweils nur die letzte Zahl, Ausnahmen: Autokennzeichen und Telefonnummern. Gleichzeitig wird auf die Kombination oder den Klang geachtet. Wer sich mit der Materie vertieft auseinandersetzen möchte, dem empfehle ich «Das Mysterium der Zahl» von Annemarie Schimmel und Franz Carl Endres, 1984.

Lo Shu – das magische Quadrat
Im Feng Shui kommt dem magischen Quadrat, dem «Lo Shu», eine zentrale Bedeutung zu. Der Legende nach entdeckte der weise Kaiser Yü am gelben Fluss einen Schildkrötenpanzer. Dieser wies eine aussergewöhnliche Zeichnung mit den fünfzehn Zahlen auf. Yü und seine Ratgeber erkannten darin das vollkommene magische Quadrat. Das Lo Shu-Quadrat hat eine vielfältige Verwendung: für das Bagua, für die «fliegenden Sterne» und das «Neun-Sterne-Ki». Es nimmt aber auch Bezug zu den Trigrammen des I Ging sowie den fünf Elementen. Eine

weitere Anwendungsmöglichkeit besteht in der Kombination der persönlichen Ming Kwa oder Gua-Zahl: Diese dient der Bestimmung der aufbauenden oder herausfordernden Orte sowie der Himmelsrichtungen innerhalb des Schemas bzw. Hauses.

4	9	2
3	5	7
8	1	6

Bemerkenswert an diesem magischen Quadrat ist, dass die Addition waagrecht, senkrecht (auch diagonal!) immer 15 ergibt. Die Zahl fünf ist im Zentrum. An den Ecken befinden sich stets gerade Zahlen.

Die Berechnung der Ming-Kwa-Zahl (Gua-Zahl)

Zu jeder Beratung gehört die Berechnung der Ming-Kwa-Zahl. Sie wird aufgrund des Jahrganges der Bewohner ermittelt. Allerdings muss berücksichtigt werden, dass das chinesische Sonnenjahr jeweils um den 4. oder 5. Februar wechselt. Zudem existieren unterschiedliche Berechnungsmethoden für Männer und Frauen.

Greifen wir auf Herrn Hans Meier zurück. Hans Meier ist am 15. April 1946 geboren. Geburtsjahr = 1946 (Geburtstag nach dem 5. Februar). Die Quersumme von 1946 ist 20 (1 + 9 + 4 + 6 = 20) bzw. 2 (2 + 0 = 2). Die ermittelte Quersumme zieht man nun von der Zahl 11 ab: 11 minus 2 = 9. Die Zahl Elf ist eine Konstante und gilt als Basiszahl. Hans Meiers Ming-Kwa-Zahl lautet somit 9. Gemäss untenstehender Tabelle gehören dazu das Element Feuer sowie die Himmelsrichtung Süden. Wäre Hans Meier eine Frau, müsste zur Quersummen-Zahl 2 die Basiszahl 4 addiert werden. Das Resultat: die Gua-Zahl 6. Ihr entspricht das Element Metall bzw. die Himmelsrichtung Nordwesten.

Gua-Zahl	Persönliche Himmelsrichtung	Element	Symbol
1	Norden	Wasser	Wasser
2	Südwesten	Erde	Erde
3	Osten	Holz	Donner
4	Südosten	Holz	Wind
Frauen: 5 = 8	Nordosten	Erde	Berg
Männer: 5 = 2	Südwesten	Erde	Erde
6	Nordwesten	Metall	Himmel
7	Westen	Metall	See
8	Nordosten	Erde	Berg
9	Süden	Feuer	Feuer

Tabelle 32: die Gua-Zahlen von 1 bis 9 und ihre Zuschreibungen

Welche Himmelsrichtungen fördern mich, welche sind herausfordernd? Diese Frage bezieht sich vor allem auf die Schlafrichtung (Kopfrichtung) sowie die Blickrichtung am Arbeitsplatz. Aber auch die Richtung der Hauseingangstür übt ihren Einfluss aus. Gewisse Autoren unterscheiden zusätzlich innerhalb der vier Himmelsrichtungen. Diese Hierarchie ist jedoch nicht notwendig, geht es hier doch um unterschiedliche Qualitäten und nicht um eine Rangordnung.

Gua-Zahl	Sheng Chi Vitalität	Tien Yi Himmlischer Arzt	Nien Yen Langlebigkeit	Fu Wei Persönliche Ausrichtung
1	Südost 4	Ost 3	Süd 9	Nord 1
2	Nordost 8	West 7	Nordwest 6	Südwest 2
3	Süd 9	Nord 1	Südost 4	Ost 3

Gua-Zahl	Sheng Chi Vitalität	Tien Yi Himmlischer Arzt	Nien Yen Langlebigkeit	Fu Wei Persönliche Ausrichtung
4	Nord 1	Süd 9	Ost 3	Südost 4
6	West 7	Nordost 8	Südwest 2	Nordwest 6
7	Nordwest 6	Südwest 2	Nordost 8	West 7
8	Südwest 2	Nordwest 6	West 7	Nordost 8
9	Ost 3	Südost 4	Nord 1	Süd 9

Tabelle 33: Unterstützende, günstige Himmelsrichtungen und Bereiche (Lo-Shu-Zahl)

Gua-Zahl	Ho Hai Unfälle	Wu Kuei Fünf Geister	Lui Sha Sechs Flüche	Chueh Ming Totaler Ruin
1	West 7	Nordost 8	Nordwest 6	Südwest 2
2	Ost 3	Südost 4	Süd 9	Nord 1
3	Südwest 2	Nordwest 6	Nordost 8	West 7
4	Nordwest 6	Südwest 2	West 7	Nordost 8
6	Südost 4	Ost 3	Nord 1	Süd 9
7	Nord 1	Süd 9	Südost 4	Ost 3
8	Süd 9	Nord 1	Ost 3	Südost 4
9	Nordost 8	West 7	Südwest 2	Nordwest 6

Tabelle 34: Herausfordernde, ungünstige Himmelsrichtungen und Bereiche (Lo-Shu-Zahl)

Für Hans Meier (Gua-Zahl 9) empfiehlt sich eine Hauseingangstür in Richtung Südosten. Seine Schlafrichtung sollte gegen Osten, Südosten, Norden oder Süden verlaufen – gleich der Blickrichtung von seinem Schreibtisch aus.

Zahlen in ihrer Anwendung
In der Praxis relevant sind die Ming-Kwa-Zahl (oder Gua-Zahl) sowie das Lo-Shu-Quadrat, welches bei jeder Beratung zur Anwendung gelangt. Auch wenn Zahlen wertvolle Informationen liefern, sollten wir nicht in eine Zahlenmanie verfallen. In der westlichen Feng Shui-Praxis spielt diese Komponente eine untergeordnete Rolle. Selbst wenn in China (insbesondere in Hongkong) alle Auto-, Telefon-, Haus- und Bankkontonummern mit möglichst vielen Achten, wünschen.

Es gibt Situationen, wo einen eine Nummer direkt anspringt. In diesen Fällen lohnt es sich, dem ersten Impuls nachzugehen. Im Nachhinein stellt man fest, dass es sich um eine Wiederholung handelt: Die Zahl bestätigt bereits ermittelte Themen. Europäische Experten raten dazu, die Numerologie spielerisch anzugehen, sie keinesfalls fatalistisch zu interpretieren. Zahlen zeigen Energiequalitäten auf. Anders ausgedrückt: Sie präsentieren Muster, die uns herausfordern.

Formenlehre

*«Form ist ein Mysterium, das sich nicht definieren lässt,
das Menschen aber noch auf eine ganz andere Weise
zu einem Wohlbefinden verhelfen kann,
als es die blosse soziale Unterstützung vermag.»*
Alvar Aalto, finnischer Architekt, 1898–1976

Wenn wir ein Gebäude betrachten, nimmt uns meist die Form gefangen: die Gliederung, die ästhetische und formale Gestaltung. Wir betrachten die Sache genauer. Was verrät die Liegenschaft? Lassen sich Schlüsse auf ihre Nutzung ziehen? Erkennt man, was in ihr steckt? Wie ist das Haus in die Umgebung ein-

gebettet? Bestehen Bezüge zur Umgebung? Wenn Sie das nächste Mal ein Objekt besichtigen, lassen Sie den Baukörper auf sich wirken. Gehen Sie um ihn herum. Betrachten Sie das Ganze aus einer gewissen Distanz. Fragen Sie sich dann:
- Welche Ausstrahlung hat das Haus?
- Was ist sein Charakter?
- Hat es ein Gesicht?
- Was für Emotionen löst es in mir aus?

Gehen Sie intuitiv vor. Die Intuition bildet einen wesentlichen Bestandteil des Feng Shui, auch beim nächsten Punkt. Wenn dieses Haus ein Tier wäre, welches Tier würde ihm entsprechen? Repräsentiert ein Vogel das Energiefeld dieses Hauses? Ein Elefant, eine Schlange? Halten Sie die spontane Antwort fest. Verfolgen Sie das Gewählte weiter:
- Welcher Charakter wird diesem Tier zugeschrieben?
- Ist es ein Einzelgänger?
- Was verspeist das Tier?
- Ist es ein Raub- oder ein Beutetier?
- Was würde das Tier sagen, wenn es sprechen könnte?

Später tauchen weitere Symbole auf: Farben, Bilder, eine bestimmte Empfindung. Es kann passieren, dass Sie ein Gebäude an einen Bunker erinnert, an ein Betonsilo, eine Burgruine oder ein verwunschenes Schloss. Trainieren Sie diese Art von Wahrnehmung. Dadurch erfassen Sie eine Anlage ganzheitlicher! Sie spüren, was von ihr ausgeht: Freundlichkeit, Fröhlichkeit oder Heiterkeit. Lacht oder weint sie?

Für eine Fotografie sucht man jeweils die Schokoladenseite, das Gesicht (Facing) eines Hauses. Häufig vergebens! Dünkt Sie dies absurd? Die Erfahrung zeigt, dass die meisten Kauf- oder Mietinteressierten spontan entscheiden. Der erste Eindruck, das erste Gefühl zählen. Eine Liegenschaft muss eine Identifikationsmöglichkeit bieten. Anders gefragt: Möchten Sie in einem Betonklotz wohnen? Ihre Firma im Niemandsland ansiedeln? Wo das visuelle Erscheinungsbild sich mit der Umgebung beisst? Eine Top-Bank zieht in keine Liegenschaft, deren Architektur dem sozialistischen Wohnungsbau gleicht. Umgekehrt mietet die Invaliden-Beratungsstelle sicher nicht in den 40. Stock eines Wolkenkratzers.

Die fünf Grundformen

Achten Sie auf die vorher beschriebene Art der Wahrnehmung, auch bezüglich der Geometrie! Die Architektur kennt drei Grundformen: den Kreis, das Rechteck (inklusive Quadrat) sowie das regelmässige Vieleck. Hinzu kommen abgeleitete Varianten.

Exakte Kreise oder Quadrate kommen in der Natur nicht vor. Ausnahme: das Hexagramm, welches – für kurze Zeit – in der Schneeflocke auftaucht.

Kinderzeichnungen basieren oft auf den klassischen drei Grundformen Kreis, Quadrat und Dreieck. Feng Shui arbeitet mit fünf Grundformen:

| Der Kreis | **Kreis, Kuppel, rund, kugelig**
 Der Kreis ist das wichtigste und am weitesten verbreitete Symbol. Für die griechischen Philosophen war es die vollkommenste Form. Der Kreis hat weder Anfang noch Ende, weder Richtung noch Orientierung. Er ist deshalb auch ein beliebtes Meditationssymbol. Der Kreis bzw. die Kuppel steht auch für den Himmel, somit für das Spirituelle. Aus dem Kreis entstand das achtspeichige Radsymbol. Ein Kreis mit einem Punkt stellt in der Astrologie die Sonne dar, in der Alchemie bedeutet er Gold. In der magischen Praxis sprechen wir von «Schutzkreisen».
 Das Gegenteil vom Kreis (Gott, Himmel) ist das Quadrat (Mensch, Erde). Nicht von ungefähr kommt die Redewendung «Quadratur des Kreises».
 Die indianischen Tipi-Zelte sind ebenfalls kreisförmig. Im Zen-Buddhismus bedeutet der Kreis Erleuchtung, Vollkommenheit (Einheit des Menschen mit dem Urprinzip).
 Die Kultstätte Stonehenge (Steinkreis) in Südengland ist auf dem Kreis aufgebaut. Sonne und Mond korrespondieren mit dem Kreis.
 Die Mandalas sind kreisförmig, sie werden häufig in ein Quadrat gestellt. Amulette, Ringe, Uhren usw. sind kreisförmig.
 Alle zirkulären Formen deuten auf Harmonie, Ganzheit und Vollkommenheit hin. Das Tai-Chi-Symbol ist ein Kreis.
 Dem Kreis wird die Zahl 12 zugeordnet (Zodiak = die Zone, innerhalb derer sich die zwölf Sternbilder bzw. Tierkreiszeichen befinden).
 Der Kreis wird häufig mit der menschlichen Seele, dem Selbst in Verbindung gebracht. |

Das Quadrat	**Quadrat, Quader, rechteckig, flach, horizontal** Das Quadrat stellt die Orientierung des Menschen im Raum dar. Es symbolisiert die vier Himmelsrichtungen sowie die Materie, die Erde. Das Quadrat ist die beliebteste Form in der Architektur. Viele Tempelanlagen basieren auf dieser Form. Aber auch Spiele (Schach, Mühle) sind auf dem Quadrat aufgebaut. Ein Quadrat verkörpert Stabilität, Ordnung, Struktur, Standfestigkeit. Andererseits steht im Osten das Quadrat für «Gold» und «Himmelsglück» (Liliane Too). Man denke auch an das «magische Quadrat» (Lo Shu). Die Städteplanung orientiert sich häufig am Prinzip des Quadrats (Grundmuster für Ordnung und Organisation). Die Figur an sich steht auch für die vier westlichen Elemente (Feuer, Wasser, Luft und Erde). Dem Quadrat wird die Zahl 4 zugeordnet. Das Quadrat wird mit dem menschlichen Körper in Verbindung gebracht.
Das Dreieck	**Dreieck, Pyramide, spitzig** Das Dreieck ist das wichtigste religiöse Symbol. Es weist drei Punkte und drei Linien auf. Sigmund Freud erkannte darin ein männliches Symbol. Die ältesten Kulturen sahen darin eher ein weibliches Prinzip, das Geschlechtszeichen. Ein Dreieck mit der Spitze nach oben wird dem Element Feuer zugeordnet. Mit der Spitze nach unten deutet es auf Wasser. Die Figur an sich symbolisiert Dynamik, Aktivität: Ursache, Wirkung und Manifestation. Das Quadrat stellt ebenfalls die menschliche Trinität dar: Körper, Seele, Geist. Im Westen ist das Satteldach eine beliebte Dachform. Dem Dreieck wird die Zahl 3 zugeordnet. Das Dreieck wird mit dem menschlichen Geist in Verbindung gebracht.
Das Aufrichtige	**Säulen, Zylinder, hoch, lang, vertikal** Wachstum, Aufwärtsbewegung, Entwicklung
Das Unförmige	**Unregelmässig, irregulär, fliessend** Alles, was keine klare Struktur und Form aufweist, wird der sogenannten «Unform» zugewiesen. Wasser verkörpert diese Form am treffendsten. Aber auch schnell wachsende Pflanzen oder Textiles entsprechen dem Unförmigen.

Tabelle 35: Die fünf Grundformen im Feng Shui und ihre Interpretationen

Die fünf Formen werden wiederum den fünf Elementen zugeordnet. Der italienische Architekt *Andrea Palladio* verwendete im 16. Jahrhundert vorzugsweise den Kreis und das Quadrat. Die dreidimensionale Umsetzung führt zu Würfel und Kugel, wie bei der Hagia Sophia in Istanbul (erst eine Kirche, dann eine Moschee, heute ein Museum).

Baugliederung
Auch im Feng Shui spielt die Baugliederung und Struktur eine Rolle, konkret:
- Masse (Pfeiler, Mauer),
- Öffnungen (Fenster, Portale, Türen),
- Zahl der Achsen,
- Zahl der Geschosse.

Nebst der Ästhetik werden die *symbolische Bedeutung* und die *Bildhaftigkeit* gewichtet. Die zentrale Frage lautet auch hier: Was entspricht dem Energiemuster des Gebäudes? In welche Richtung drängt die Fassadengestaltung: nach unten, nach oben, links oder rechts?
- Rechts bedeutet Zukunft.
- Links symbolisiert die Vergangenheit.
- Oben heisst: Es geht aufwärts!
- Unten signalisiert: Es zieht abwärts.

Wie steht es diesbezüglich um die zeitgenössische Architektur, zum Beispiel den Dekonstruktivismus? Man denke an das Guggenheim-Museum in Bilbao, entworfen von *Frank O. Gehry*, oder das Jüdisches Museum in Berlin von *Daniel Libeskind*. Stellen sie sich vor, die Bauten wären Musik! Wie würden sie tönen? Wie eine Sinfonie oder wie Free Jazz?

Ich verstehe, dass Architekten nach neuen Ausdrucksmöglichkeiten suchen. Gleichwohl sollte nicht die Selbstverwirklichung des Einzelnen im Vordergrund stehen – sondern das Wohlbefinden der Nutzer. Kreativität in Ehren, krasse Dissonanzen sind nicht das Wahre! So besagt das Prinzip der kleinen Dissonanz, dass die absolute Harmonie selten anspricht. Es braucht die kleine Unebenheit, das Überraschende, den Pfiff. Zwischen Würze und Überhang besteht jedoch ein Unterschied. Wer mag schon eine versalzene Suppe! Selbst wenn sich, wie beim Guggenheim-Museum, Stadtmarketing raffiniert mit Architektur verbindet.

Abbildung 10: Dieses Haus hat eine typische Metallform.

Formale Grundkonzepte des Feng Shui

Alles hat seine Daseinsberechtigung, alles sollte ausgeglichen sein, ohne Extreme. Auf diesen Grundsatz bezogen, sind alle fünf Formen gleichberechtigt. In der westlichen Architektur wird ein gewähltes Grundprinzip, etwa die Bogenform, konsequent angewendet (meist auf den gesamten Bau). Feng Shui hingegen lehrt, dass alle Formen vertreten sein sollten: wobei dies auch über die Innenarchitektur geschehen kann. Kirchen vereinen vielfach mehrere Formen in sich:

- Türme: Säulenform,
- Grundriss: Quadrat, Rechteck,
- Kreis: Rosetten, Kuppeln,
- Dreieck: Satteldach,
- Unform: Die Umgebungsgestaltung mit Bäumen, Sträuchern und Gewässern.

Formen der Landschaft
Unter dem Aspekt der fünf Grundformen analysiert Feng Shui ebenfalls die Landschaft, insbesondere Hügel, Anhöhen und Berge. Im Zentrum stehen die Konturen des Geländes sowie deren Einfluss auf die Umgebung.

Formen von Grundstücken
Ein Gesichtspunkt wird in Feng Shui-Ausbildungslehrgängen wenig berücksichtigt: die Geometrie von Grundstücken. Ein Grundstück kann unter den Aspekten der Geometrie, der Topografie und der Geologie betrachtet werden. Dabei geht es nicht nur um die Beurteilung der Überbaubarkeit (Grenz- und Gebäudeabstände, Grenzlinien, Ausnützungsziffer), sondern um die Ganzheit und Vollkommenheit. Was ist vorhanden? Was fehlt? Regelmässige, quadratische oder rechteckige Formen sind am günstigsten. Wie erwähnt, steht das Quadrat für Himmelsglück und Gold, das Rechteck hingegen für Wachstum.

Nicht zu vergessen ist die Grundstückserschliessung (speziell bei trapezförmigen Bauplätzen!). Welches ist die schmale Seite, liegt sie an der Vorder- oder der Rückseite? Es erweist sich als Vorteil, wenn die Rückseite breiter ist! Fehlende Ecken schränken den Chi-Fluss ein; eine T-Form gilt als äusserst unglücklich; im vorderen Bereich fehlen zwei Teile. Spitze Kanten im Erschliessungsbereich stossen vieles zurück, das Positive wie das Negative. Von Dreiecksformen ist ganz abzuraten.

Es lohnt sich, die Grundstücksformen zusätzlich unter dem Aspekt der Bagua-Zonen zu untersuchen, vgl. Seite 144 f.

Im Westen: Zahl, Mass und Proportion

«Architektur ist erstarrte Musik.»

Friedrich W. Schelling, deutscher Philosoph, 1775–1854

Frühere Architekten bauten nach harmonikalen Grundprinzipien, die bis auf Pythagoras zurückgehen. Aber auch Aristoteles soll gesagt haben: «Die Zahl ist das Wesen der Dinge.» Anders formuliert: «Dinge und Zahlen sind nur verschiedene Namen für dieselbe Sache. Die ganze Welt ist nur eine Harmonie und

Zahl.» Pythagoras hat gemäss Plutarch als Erster das Weltganze «Kosmos» genannt (Ordnung, harmonisches Gebilde). Eine erstaunlich ganzheitliche Betrachtungsweise!

Die in der pythagoreischen Tradition bevorzugten Zahlen 1, 2, 3 und 4 waren heilig und wurden von den Pythagoräern als Schwurformel und Emblem in der heiligen Tetraktys dargestellt (gleichschenkliges, vollkommenes Dreieck, bestehend aus den zehn Punkten). *Euklid von Alexandria* stellte erstmals die pythagoreisch-platonische Harmoniklehre zusammen, die «Sectio Canonis». Die Grundlagen dazu bildete die Musik:

Die harmonikale Teilung

Verhältnis	Saitenlänge Monochord 120 cm	Intervall	Verhältniszahl	Qualität	Auf den Grundton C bezogen
1:1	120 cm	Grundton	1	Reine Konsonanz	C
1:2	60 cm	Oktave	0,5	Reine Konsonanz	C'
2:3	80 cm	Quinte	0.666	Reine Konsonanz	G
3:4	90 cm	Quarte	0,75	Reine Konsonanz	F
4:5	96 cm	Grosse Terz	0,80	Unreine Konsonanz	E
5:6	100 cm	kleine Terz	0,833	Unreine Konsonanz	Es
5:8	75 cm	Kleine Sext	0,625	Unreine Konsonanz	As
3:5	72 cm	Grosse Sext	0,60	Unreine Konsonanz	A
5:9	66,66 cm	Kleine Septime	0,555	Dissonanz	B
8:9	106,66 cm	Grosse Sekunde	0,888	Dissonanz	D
8:15	64 cm	Grosse Septime	0,533	Dissonanz	H
	112,5 cm	kleine Sekunde	0.937	Dissonanz	Des

Ver-hält-nis	Saitenlänge Monochord 120 cm	Intervall	Ver-hältnis-zahl	Qualität	Auf den Grundton C bezogen
	85,33 cm	Tritonus: übermässige Quart bzw. verminderte Quint, Teufelsintervall	0.711	Dissonanz	Fis Ges

Tabelle 36: Die harmonikale Teilung, letztlich auf Pythagoras zurückgehend

Zwei Anmerkungen: Harmonik ist kein theoretisches Konstrukt. Sie konkretisiert sich in der klingenden Musik. Das Resultat hat vielfältige Aspekte, zeitlicher und tonräumlicher Art.

Als «Monochord» bezeichnet man ein musikinstrumentenähnliches Werkzeug, bestehend aus einem Resonanzkasten, über welchen eine Saite gespannt ist. Es veranschaulicht musiktheoretische, physikalische und akustische Phänomene, insbesondere die Teilungsverhältnisse.

Bionik – die Natur als Vorbild

«Alles, was die Natur hervorbringt, wird vom Gesetz der Harmonie geregelt.»
Leon Battista Alberti
italienischer Humanist, Architekt und Kunsttheoretiker, 1404–1472

Die Bionik beschäftigt sich mit den «Erfindungen der Natur». Sie versucht diese zu entschlüsseln und zu nutzen, zum Beispiel für die Technik. Die Idee, technische Probleme durch das Studium natürlicher Systeme zu lösen, ist nicht neu. Eigentlich könnte man Leonardo Da Vinci als Begründer dieser Disziplin anführen. Übertrug er doch die Analyse des Vogelflugs auf seine Flugmaschinen.

Gibt es so etwas wie eine bionische Architektur? Ja! Im Zentrum stehen die Proportionen nach dem Vorbild der Natur, aber auch die Grundrisse gemäss

Abbildung 11: Wer diese Fotografie sieht, denkt zunächst an einen Bunker, an Ruinen oder ein Betonsilo. In Tat und Wahrheit handelt es sich um die Kirche der Klosteranlage Sainte-Marie La Tourette in Éveux bei Lyon, erbaut vom renommierten Architekten Le Corbusier.

organischen Strukturen. Als Paradebeispiel gilt das Ausstellungsgebäude der Weltausstellung 1851, der Crystal Palace (Kristallpalast). Erbaut hat es der Architekt *Sir Joseph Paxton*. Für die feingliedrige Stützstruktur zog er das Blatt der Victoria Regia (einer Riesenseerose aus dem Amazonasgebiet) heran. Die Ästhetik der Konstruktion inspirierte einen anderen britischen Architekten, *Richard Rogers*. Ebenfall in London errichtete er das Lloyds Building (zentrales Atrium). Leider wurde der Kristallpalast 1936 durch einen Brand komplett zerstört. Weitere Architekten orientieren sich an der Natur und ihren Kunstformen: Antoni Gaudí, *Santiago Calatrava* sowie der Italiener *Renzo Piano*. Da sich beide Konzepte – die Bionik wie die Harmonik – auf die Natur ausrichten, können sie als Teil des «Westlichen Feng Shui» bezeichnet werden.

Semiotik – alles kommuniziert
Selbst die Semiotik, die Lehre von Zeichen und Symbolen, beschäftigt sich mit der Architektur. Dies im Sinne von «Massenkommunikation», vgl. die Publikationen von Umberto Eco. Als Teildisziplin der Linguistik setzt sich die Semiotik mit allen Kulturphänomenen auseinander. Sie versteht diese als kommunizierte Zeichensysteme. Folglich ist Kultur – und mit ihr Architektur, Design und Städtebau – Kommunikation. Architektur scheint insofern speziell, da sie nicht als Kommunikation gedacht wurde, sondern als Funktion. Trotzdem kommuniziert sie! Dieses Phänomen hat auch die Architektursoziologie entdeckt.

Gemäss Feng Shui vermittelt Architektur seit jeher Botschaften. Architektur ist ein Zeichen bzw. ein Symbol. Wir können Objekte in ihrer Funktion erfahren (als gestalteten Raum, der unser Leben umhüllt, ja strukturiert) oder als visuellen Eindruck (der etwas signalisiert, in den wir einiges interpretieren). Betrachten Sie das Bild auf Seite 115. Wie wirkt es auf Sie? Was für Gefühle löst es bei Ihnen aus? Was assoziieren Sie damit?

Geomantie – Radiästhesie

«Unsere Vitalität hängt grösstenteils von der Dynamik eines Ortes ab.»
Blanche Merz, Schweizer Geobiologin, 1919–2002

Zur Geomantie, der Weissagung aus der Erde, äusserte sich bereits das Kapitel «Ost – West: Europäisches Feng Shui?» Wie die Radiästhesie, die Strahlenfühligkeit, wird die Geomantie von der Wissenschaft immer noch belächelt. Bei der Radiästhesie habe man zwar noch ein Pendel, mit dem man versuche, physikalische Phänomene aufzuspüren, letztlich sei aber nichts beweisbar. In der Geomantie hingegen verlasse man sich ausschliesslich auf Gefühle, innere Bilder und körperliche Reaktionen. Das «Feinstoffliche», der weibliche Yin-Aspekt, habe in den exakten Disziplinen keinen Platz. Genau genommen lässt sich zwar bei den Letzteren nicht alles belegen (siehe die Wissenschafts- und Erkenntnistheorie). Wer aber mit Menschen arbeitet, als Hypnosetherapeut oder Medium, der weiss, dass diese Wahrnehmungskanäle zentral sind. Man taucht in die Welt des Klienten ein und kommuniziert mit ihm auf einer direkten, ehrlichen Ebene. Einen Menschen nur rational wahrzunehmen, schafft keine Nähe. Es führt zu einem einseitigen, falschen Verständnis.

Mit offenen Wahrnehmungskanälen kann man sich auf die Natur einlassen, auf Flora und Fauna. Mit Tieren und Pflanzen zu kommunizieren ist weder neurotisch noch esoterisch. Es hat mit einer gesunden Beziehungsfähigkeit zu tun, wie Paracelsus oder *Franz von Assisi* beweisen! In diesem Zusammenhang gibt es einen wichtigen Begriff: *«Genius Loci»*, der Orts- oder Schutzgeist. Er zielt auf die Atmosphäre, den Charakter eines Orts. Der norwegische Architekt *Christian Norberg-Schulz* griff das Thema erneut auf. Die Architektur interessiert sich in diesem Zusammenhang für die Geometrie, die Geologie und Topografie eines Grundstücks sowie die städtebauliche Situation (Baustile, Körnung). Das Marketing fokussiert andere Standortqualitäten (verkehrsmässige Erschliessung, Konkurrenzsituation, Einzugsgebiet, Infrastruktur). Der Feng Shui-Berater folgt seinen Beurteilungskriterien. Zum einen ist dies die Geschichte des Orts (Mythen und Sagen sowie Ereignisse, welche direkt auf dem Areal stattgefunden haben). Zum anderen geht es um die Natur: Landschaftsformen, Gewässer und ihr Verlauf. Welche Pflanzen und Bäume sind vorherrschend? Welche Tiere haben sich angesiedelt?

Einer der führenden westlichen Geomanten ist Marko Pogacnik. Seine Lehre stützt sich auf das Elementarwesen-Konzept von Paracelsus, vermischt mit anthroposophischem Wissensgut. Für Paracelsus ist alles in der Natur mit Leben erfüllt. Es gibt keine tote Materie.

Element	Intelligenzen nach Paracelsus
Erde	Gnome, Wichtel, Trolle, Elfen, Faune
Wasser	Nymphen, Undinen, Nixen
Feuer	Salamander, Vulkangeister
Luft	Sylphen, Sturmgeister

Tabelle 37: Die vier Elemente und ihre Geistwesen

Die vier Elemente werden zusätzlich in drei hierarchische Ebenen unterteilt, wobei diese eher verwirren, denn Klarheit schaffen. Die Erfahrung zeigt, dass folgende Aspekte von praktischer Bedeutung sind:

- Der Bauherr vollzieht vor Baubeginn eine Aussöhnung mit der Natur, als Ritual oder generell (im Sinne eines respektvollen Umgangs mit der Natur). Wird dies nicht berücksichtigt, können Störungen entstehen, zum Beispiel Probleme beim Verkauf, der Erstvermietung oder unter den Bewohnern.
- Ein Ort ist aufgrund historischer Ereignisse belastet. Diese Einflüsse sollten erkannt und aufgelöst werden.
- Nicht zu unterschätzen ist schliesslich der geopathische Einfluss, das heisst Wasseradern, Verwerfungen usw. Früher wurden Schafe auf ein Grundstück gebracht und man beobachtete, wo die Herde schlief. Der nächtliche Ruheort schien der ideale Bauplatz zu sein. Aus demselben Grund registrierte man, wo sich die Störche niederliessen.

Relevant ist ferner das Energieniveau eines Standorts. Es beruht auf einem weiteren geomantischen Konzept. Wir sprechen hier von «Kraftorten». Die Schweizer Physikerin Blanche Merz leistete hier Pionierarbeit. Sie quantifizierte die feinstofflichen Energien eines Standorts mittels Bovis-Einheiten (BE). Als Messinstrument dienten das Pendel, die Wünschelrute oder der Tensor. Die ermittelten Werte lassen sich wie folgt unterteilen:

0–2000 BE	Kreuzung von zwei oder mehreren Störzonen; Störung im Abwehrmechanismus; Wachstumsstörungen; schwere Krankheit
2000–6000 BE	Störzone; schädlich für den menschlichen Organismus; energieraubend
6500 BE	neutral
7000–8000 BE	bester Wert/volle Vitalität
9000–10 000 BE	Starker Energieschub; auf die Dauer für den Menschen zu hoch
10 000–13 500 BE	energetischer und ätherischer Bereich des Körpers
13 500–18 000 BE	spiritueller und esoterischer Bereich; heilige und sakrale Orte
ab 18 000 BE	kosmische Strahlenbereiche

Tabelle 38: Skala der Bovis-Einheiten und ihre Auslegung

Radiästhesie

Bei der Radiästhesie geht es um die Strahlenfühligkeit. Hierbei werden mittels Pendel oder Wünschelrute geopathische Störzonen ausfindig gemacht (unter Umständen auch neutralisiert). Geprägt wurde der Begriff vermutlich von Abbé Mermet L. Bouly. Er verfasste 1935 sein Werk «Grundlagen und Praxis der Radiästhesie». Im Zentrum der Untersuchungen stehen folgende Bereiche:

- Wasseradern,
- elektromagnetische Felder,
- Gitternetze der Erde (Hartmann-Netz, Curry-Netz),
- radiästhetisch relevante Lagerstätten,
- geologische Verwerfungszonen mit erhöhter ionisierender Strahlung.

Obgleich die Radiästhesie nicht zu den Teilbereichen des klassischen Feng Shui zählt, gehört sie zum Europäischen Feng Shui; insbesondere, weil der Einfluss solcher Störungen eminent sein kann. Allerdings kennt sich nicht jeder Feng Shui-Berater damit aus.

Praxisteil

«Geh deinen Weg und lass' die Leute reden!»
Dante Alighieri, italienischer Dichter und Philosoph, 1265–1321

A) Feng Shui in der Projektentwicklung

Von Anfang an einbezogen, hat Feng Shui den grössten Einfluss, die grösste Wirkungs- und Durchschlagskraft. Es lohnt sich, bereits bei der Auswahl des Grundstücks einen Feng Shui-Berater zu konsultieren (Stichwort Standortbeurteilung). Auch die Projektentwicklung an sich profitiert von seinem Know-how, vgl. die nachstehende Auflistung. Feng Shui kann viel beitragen zur Realisierung des «Traums vom Eigenheim».

Feng Shui-Beratung nach Projektphasen

I. Akquisitionsphase
- Standortanalyse unter Feng Shui-Gesichtspunkten
- Grundstücksanalyse (Geometrie, Geopathie/Radiästhesie, Topografie, Ausrichtung nach den Himmelsrichtungen)

II. Vorprojektphase
- Klären der Bauabsicht, der finanziellen und terminlichen Vorstellungen des Auftraggebers
- Gliederung, Ausrichtung und Anordnung der Baukörper
- Festlegung der Eingangstüren (günstige Richtungen)
- Marketing: Namensgebung der Überbauung (Feng Shui-Aspekte)

III. Projektphase
- Gestaltung bzw. Überprüfen der Grundrisse (detaillierte Analyse des Layouts, das heisst der Raumbezüge und -programme sowie der Energieflüsse)
- Gestaltung bzw. Überprüfen der Fassadengestaltung (Form)
- Marketing: Logogestaltung und Corporate Design (Corporate Identity)

IV. Ausführungsphase
- Unterstützung bei der Material- und Farbenwahl
- Hinweise zur Umgebungsgestaltung (Wege, Gewässer, Bepflanzung)

V. Abschlussphase
- Individuelle Beratung der Endnutzer (Möblierungs- und Einrichtungsvorschläge: Schlafrichtung, Installierung des Arbeitsplatzes usw.)

Standort- und Grundstücksanalyse

«Hier ist gut sein, hier lasst uns Hütten bauen.»

Neues Testament, Matthäus 17, 4

Eine Baute steht immer in Verbindung mit ihrer Umgebung. Neben der geografischen Nähe existieren ideelle Bezüge, welche sich aus der Geschichte des Orts herleiten – dem Genius Loci. Wie bereits erwähnt, gibt es unterschiedliche Lesearten eines Grundstücks. Auch Feng Shui unterscheidet zwischen *Makro- und Mikrostandort*.

Im Grösseren werden Hügel und Berge analysiert, aber auch Gewässer und die Flora. Aus welcher Richtung fliesst das Wasser auf das Grundstück zu? In welche Richtung fliesst es wieder ab? Dass Gewässer vorhanden sind, ist grundsätzlich positiv zu werten. Allerdings kommt es auf die Qualität an. Wie schnell fliesst das Wasser? Wie ist seine Konsistenz, seine Beschaffenheit? Ist der Fluss trüb, der Bach verschmutzt?

Beim Landstück geht es um die Form: rechteckig, quadratisch usw. Hinzu kommen die geologischen und geopathischen, eventuell krankmachenden Eigenschaften. Bereits Hippokrates meinte: «Bei langwierigen Krankheiten ist es gut, den Ort zu wechseln.» Wichtig sind in diesem Zusammenhang auch die Energieströme. Hier unterscheiden wir drei Arten: himmlische, menschliche und erdige Energien. Die Passanten- und Verkehrsströme zählen zu den menschlichen Energien. Feng Shui fragt nach Verlauf, Tempo und Nutzen für das Grundstück. Als ungünstig erweisen sich Energien, die (zu) schnell und direkt auf ein Gebäude hinsteuern. Dies betrifft Eisenbahnen, Autobahnen oder stark frequentierte Hauptstrassen. Aber auch die direkte Umgebung übt ihren Einfluss aus. Welche Aktivitäten finden in der direkten Nachbarschaft statt (Kirche, Friedhof, Spital, Schiessplatz, Schlachthof, Schulhaus)?

Abbildung 12: Ein negativer Faktor: Natelantenne, Stichwort Elektrosmog

Gliederung und Ausrichtung der Baute

Die Berücksichtigung der Himmelsrichtungen hat im Feng Shui einen zentralen Stellenwert. Jede Himmelsrichtung weist eine andere Qualität auf. Früher legte man im Westen mehr Gewicht auf die Himmelsrichtungen, insbesondere bei sakralen Bauten. Die Kirchen waren grösstenteils geostet. Je nachdem, wo sich die Haupteingangstüre befindet, wird das Gebäude – mit ihm die Bewohner – mit einer andern Energiequalität versorgt.

Himmelsrichtung	Qualität, Schlüsselwörter
Osten Yang	Neubeginn, Initialzündung, dynamisch, aufgeweckt, lebendig, Pionier, Frühling, Handeln, Veränderung, Motivation
Südosten Yin	Entwicklung, Kontinuität, Ausdauer, Wachstum, Handeln mit Verstand, Richtung des Kindes
Süden Yang	Höhepunkt, aktiv, strahlend, Charisma, begeisternd, Sommer, Wärme, Leidenschaft, Erfolg, Intensität, extravertiert

Himmelsrichtung	Qualität, Schlüsselwörter
Südwesten Yin	Helfend, unterstützend, empfangen, zuhören, Richtung der Frau, Mutter, soziale Umsicht, neue Kontakte
Westen Yin	Freudig, unterhaltend, sensibel, sammeln, ernten, geniessen, Vergnügen, Zufriedenheit, Entspannung, Herbst, Ästhetik
Nordwesten Yang	Autorität, Verantwortung, Disziplin, Führung, Analyse, Richtung des Mannes, Vater, Kontrolle
Norden Yin	Aufnahmefähig, verständnisvoll, auflösen, loslassen, Winter, Spiritualität, Stille, Sexualität, tiefgründig, Rückzug, Intuition
Nordosten Yang	Zuverlässig, vertrauensvoll, Standfestigkeit, erkennen, innere Stärke, Ruhe, geistige Weiterentwicklung, Einkehr, Stabilität

Tabelle: 39: Himmelsrichtungen und ihre Zuschreibungen

Im Feng Shui geht man von einer Idealkonzeption aus: Ein Haus sollte so stehen, dass es gegen Süden offen ist und eine entsprechende Fernsicht hat, Visionen eröffnet. Wünschenswert wären eine leicht erhöhter Lage sowie ein Gewässer zur Sonnenseite bzw. Wohnorientierung hin. Im Rücken (oder Norden) befindet sich ein Berg, der Schutz und Halt bietet. Im Osten liegt ein grösserer Hügel, im Westen ein kleiner. Die beschriebene Position kann mit einem Ohrensessel verglichen werden: gemütlich und zweckmässig zugleich.

Den vier Himmelsrichtungen werden wiederum Symboltiere zugeordnet:

		Norden *Schildkröte* Schutz	
Tiger	Westen Kleiner Hügel	**Schlange**	Osten *Drachen* grosser Hügel
		Süden *Phönix* Visionen	

Grafik 9: Die vier Himmelsrichtungen und die ihnen zugeschriebenen Tiere

Nur behütet sein (Norden) oder in Luftschlössern schwelgen (Süden) behagt niemandem. Vom kleinen Hügel aus sieht man zu wenig und auf dem grossen windet es stark, also nimmt man die mittlere Position ein. Selten findet sich eine solche Ideal-Situation, in den Städten ist nahezu alles überbaut. Im besten Fall nehmen Nachbargebäude die «Hügel-Funktion» ein.

Die Thermik gibt den Südhängen eine auftreibende, positive, erhebende Wirkung. Sie sind deshalb so beliebt. Die Nordhänge bringen Winterschatten (und Fallwinde). Bei der Planung einer Überbauung ist wichtig, wie die einzelnen Einheiten zueinander gestellt werden! Die Ecken sollten sich nicht gegenseitig stören. Es empfiehlt sich zudem, vor der Anlage einen Sammelplatz einzurichten (für Energie bzw. Menschen, einen sogenannten Ming Tang). Um Feinheiten herauszuschälen, greift der Feng Shui-Berater zum I Ging. Dadurch wird ermittelt, was für ein Hexagramm im Eingangsbereich steht: entscheidend für die Hausthematik.

Abbildung 13: Beispiel eines zu kleinen Gebäudeabstands (bietet keine Aussicht bzw. Fernsicht). Folge: mangelnde Visionen und Ziele.

Die Aufnahme des Hauses: Die Türe

Schliessen Sie Ihre Augen und stellen Sie sich Ihre Eingangstüre vor (wenn Sie in einem Mehrfamilienhaus wohnen auch die Haupteingangstüre). Wie ist die Zugänglichkeit der Eingangspartie? Finde ich sie rasch? Ist sie gut einsehbar? Muss ich zuerst eine Treppe hoch-/hinuntersteigen, liegt die Haustüre ebenerdig? Wie wirkt sie auf mich? Neutral, nüchtern und klar? Dunkel, farblos und introvertiert? Vielleicht ist sie bunt, offen, leicht und verspielt? Welchen Eindruck vermittelt sie? Einladend, sympathisch, freundlich? Aus welchem Material ist die Eingangstür? Holz, Metall oder Glas? Wie fühlt sich die Türfalle an? Was signalisiert das Ganze? «Sei willkommen» oder «Zieh nur weiter»? Ist der Eingang verstellt, mit Schuhen, Dreirädern und Abfallsäcken? Wie präsentieren sich die Briefkästen, die Sonnerie? Guckt den Besuchern eine Kamera entgegen, sind Kleber einer Security-Firma angebracht?

Diese Übung bezweckt das Bewusst-Werden dessen, was eine Eingangspartie ausstrahlt. Die Tür ist nicht nur das Erste, sondern das Zentrale eines Hauses! Sie kann mit dem Mund eines Menschen verglichen werden. Durch dieses Organ nehmen wir Nahrung auf, das Chi. Wir werden oral mit Lebenswichtigem versorgt. Ein Geschäftshaus wird durch die Türe mit dem Chi bzw. den Kunden versorgt. Insbesondere bei Verkaufslokalen oder Restaurants schlägt sich die Gestaltung des Eingangs direkt auf den Umsatz nieder. Ein gestalterischer Fehlgriff kann sich fatal auswirken!

Je nach Situation bedeutet die Türe eine Himmelspforte oder ein Höllentor, Arrest oder Freiheit, Aufnahme oder Ausschluss, Abschied oder Heimkehr. Deshalb wurde Janus, der doppelgesichtige Gott, zum Symbol des Ein- und Ausgangs, zum Hüter der Pforten und Schwellen. Einzelne Darstellungen zeigen ihn mit Pförtnerstab und Schlüssel. Der Beginn einer Lebensetappe, Handlung oder Aktion gleicht dem Durchschreiten einer Pforte. Ich durchschreite einen Raum und gehe in den nächsten. Innerhalb einer Wohnung haben wir kaum mehr Schwellen, meistens sogar den gleichen Bodenbelag. Sind wir uns bewusst, dass wir ständig Räume wechseln, laufend in andere Raumfunktionen übergehen?

Welche Rolle kommt dabei der Türe zu? Das Hauptportal hat das Haus zu versorgen. Es bietet zusätzlich Schutz und Abgrenzung: vor Feinden, Diebstahl und Tieren. Ausserdem hält es die Witterung auf (Wind, Kälte und Hitze). Es zeugt darüber hinaus von Individualität, hat mit Prestige und Repräsentation zu tun (Lebensstil, Standard). Ich vergleiche die Tür oft mit der Blüte einer Pflanze: Sie muss auf das Haus aufmerksam machen, verlockend und gastfreundlich. Der zugehörige Eingang sollte in einem ausgewogenen Verhältnis zur Grösse des Baus stehen: gut zugänglich, auf den ersten Blick sichtbar. Das Material ist nebensächlich, es muss sich von der Nutzung ableiten. Für den persönlichen Bereich erscheint eine Glastüre ungeeignet (zu viel Transparenz, wenig Sichtschutz). Architekten mögen Glas, weil es einen natürlichen Lichteinfall ermöglicht. Im Geschäftsbereich verhält es sich umgekehrt: die Atmosphäre sollte öffentlich, das Ganze einsehbar sein. Man will animieren, auf sich aufmerksam machen.

Abbildung 14: Hotelgebäude: Wo befindet sich der Eingang?

Worin besteht der Unterschied zwischen der Haupteingangstüre und einer Wohnungstüre? Die Haupteingangstüre bestimmt das Leben innerhalb der Hausgemeinschaft, das Zusammenleben untereinander, das Gruppenschicksal. Die Wohnungstüre beeinflusst das Leben innerhalb der Wohnung. Bei der Eingangstüre stellt sich wiederum die Frage, in welche Richtung sie weist. In unserem Kulturkreis zeigt sie häufig nach Osten oder nach Norden. Westen erweist sich als ungünstig (Westwind, Regenwetter). Der Südbereich ist für das Wohnen bestimmt. Je nach Himmelsrichtung wird das Haus mit einer andern

Energiequalität versorgt. Je nach Bodennähe liegt die Hemm-/Zugangsschwelle höher oder tiefer. Treppen verlangen besondere Massnahmen. Im Einzelhandel bedeutet eine Stufe aufwärts zehn Prozent weniger Umsatz ...

Wie kann man den Eingang attraktiv gestalten? Drei Stichworte: Symmetrie, optimale Aussenbeleuchtung, passender Türanstrich (entsprechend den Himmelsrichtungen). Ein Vordach ist empfehlenswert, dazu eine Teppichvorlage (den roten Teppich auslegen). Pflanzen links und rechts, das Türblatt mit saisonalem Dekor verzieren (Oster-, Adventsschmuck). Der Kreativität sind keine Grenzen gesetzt! Selbst Gourmetlokale postieren in der Adventszeit brennende Kerzen vor ihrem Eingang. Oft sieht man auch Schutzsymbole an der Haustüre. Denken wir an die Zürcher Amtshäuser: Zwei Löwen postieren sich vor dem Eingang und bewachen die Gebäude.

Die Bauform: Fassadengestaltung

«Ärzte können ihre Fehler begraben, aber ein Architekt kann seinen Kunden nur raten, Efeu zu pflanzen.»

George Sand, französische Schriftstellerin, 1804–1876

Das Kapitel «Formenlehre» befasst sich ausgiebig mit der Wirkung von Bauten, vgl. Seite 106 f. Zur Erinnerung: Architektur ist auch eine Form von Kommunikation! Der Feng Shui-Berater versucht, diese Sprache zu übersetzen. Was sagt ein Gebäude aus? Welche Ausstrahlung hat es? Über Baustile lässt sich endlos diskutieren. Feng Shui enthält sich zum Beispiel der Bewertung eines Geschäftshauses, es konzentriert sich auf den Effekt hinsichtlich der Endnutzer (Bewohner, Büroangestellte, Kunden).

Dass sich Bauten auch physisch auswirken können, wissen wir spätestens seit dem «Denver Art Museum» in Colorado. Die asymmetrische Exzentrik erzeugt bei den Besuchern Irritation, Schwindel und Übelkeit. Das Konzept lässt keine rechten Winkel zu, dafür schräge Wände und kühne Blickachsen. Letztere stören den Gleichgewichtssinn empfindlich. Absurderweise pilgern heute Heerscharen dorthin, um den Dekonstruktivismus des Stararchitekten Daniel

Libeskind leibhaftig zu erfahren. Sie nennen die Grenzerfahrung «Vertigo». *Frank Vorphal* betitelt den Filmbericht zu diesem Phänomen sinnigerweise mit «Architektur zum Kotzen».

Auch wenn es sich selten derart krass ausnimmt: Zur Realisierung solcher Experimente hat die Computertechnik wesentlich beigetragen. In Zuspitzungen und Einseitigkeiten liegen die Risiken der Hightech-Architektur. Der Look, die Hülle, das Äussere werden über alles gestellt. Je exaltierter desto besser. Ziel: Selbstdarstellung, Inszenierung, sich von anderen abheben. Hierzu scheint jedes Mittel recht. Fassade eben ...

Grundsätzlich sollte ein Gebäude mit seiner Umgebung korrespondieren, die Qualitäten des Orts aufnehmen sowie eine mit ihm kompatible Sprache sprechen. Je nach Situation empfiehlt sich eine andere Ausgestaltung. Grundsätzlich lässt sich jedoch festhalten, dass extreme Gebäudelängen vermieden oder unterbrochen werden müssen, etwa durch die Betonung der Vertikale.

Abbildung 15: Porto Cervo, Sardinien. Anlage mit einer geschwungenen, harmonischen Aussenseite, der Natur wie den Benutzern angepasst.

Was ist ein guter Grundriss?

«Eine schlechte Wohnung macht brave Leute verächtlich.»
Johann Wolfgang von Goethe, deutscher Dichter, 1749–1832

Ein Haus hat eine Funktion zu erfüllen: Es soll die Bewohner in ihrem Sein unterstützen bzw. dem Geschäftszweck dienen. Ob das Gebäude diesem Anspruch gerecht wird, lässt sich anhand folgender Kriterien bestimmen:

Raumbezüge
Hier stellt sich die Frage, ob Verbindungen erkennbar sind und wenn ja, welche. Entsprechen die Bezüge sinnvollen oder eher zufälligen Kombinationen? Feng Shui erachtet es zum Beispiel als ein «Verbrechen», die Toilette neben der Küche zu platzieren. Dagegen sprechen übrigens auch hygienische Gründe (Vorräte aufbewahren etc.) Zu den weiteren Aspekten gehören: Wie verlaufen die Verkehrswege? Wie viel Raum nehmen sie ein? Zeichnen Sie die «Haupt-» und «Nebenstrassen» Ihrer Wohnung in den Grundriss ein. Das Resultat ist oft erstaunlich! Eine weitere Grundregel lautet: Die Schlafräume möglichst weit weg, die Wohnzimmer möglichst nahe bei der Eingangstüre platzieren. Feng Shui tendiert dazu, die Raumfunktionen nicht zu durchmischen: Ein Schlafzimmer ist ein Schlafzimmer und nicht zusätzlich Büro, Bibliothek oder Heimkino. Auf dieser Haltung beruht auch die Skepsis gegenüber Lofts (Arbeiten, Wohnen und Schlafen in einem offenen Raum).

Verhältnis von Verkehrs- und Nutzflächen
Häufig lässt sich beobachten, dass die Verkehrs- und Nutzflächen in einem unguten Verhältnis stehen. Korridore werden kurzerhand zur Wohnzimmerfläche gezählt. Die grosse Zimmerfläche beeindruckt, erweist sich nach dem Einzug indes als Augenwischerei.

Raum- bzw. Flussrichtungen
Ein Grundriss weist automatisch eine Flussrichtung auf. Aus Feng Shui-Sicht ist dies ein wesentliches Merkmal, geht es doch um den Chi-Fluss. Wird das Chi

optimal verteilt, kann es sich im Haus ausbreiten oder tritt es gleich wieder aus? Die Art und Anbringung (Verlegung) des Bodenbelags beeinflussen die Flussrichtung. So kann die geschickte Gestaltung eines langen Korridors einen zu schnellen Energiefluss auffangen bzw. bremsen.

Gliederung halböffentlicher und privater Bereich
Ein weiteres Kriterium bildet die Trennung des halböffentlichen vom privaten, intimen Bereich. Bei einem zweigeschossigen Einfamilienhaus ist es klar: Der halböffentliche Raum konzentriert sich auf das Parterre (Wohn- und Esszimmer, Küche und Gäste-Toilette). Das persönliche Revier befindet sich im ersten Obergeschoss (Schlafzimmer, Bad und Toilette). Es gibt jedoch auch ungünstige Lösungen: Wenn die Kinderzimmertür direkt in den Esssaal führt und die Kleinen abends am Living Room, evtl. an den Gästen vorbeischleichen müssen, um zur Toilette zu gehen. Es stört die Kids, irritiert die Besucher und nervt die Eltern (vgl. Abbildung 16).

Kein Raum ohne Naturlicht
Noch eine Empfehlung: kein Raum ohne Naturlicht! Dies betrifft ebenso die Nasszellen. Toll, wenn man am Morgen in ein besonntes, helles Bad kommt! Umgekehrt graut einem vor dem Neonlicht in unterirdischen Toiletten oder der Besprechung in einem Raum ohne Fenster. Wetten, dass die Sache nach spätestens dreissig Minuten stockt? Das fehlende Chi macht sich bemerkbar ...

Keine markanten Ecken
Extreme sind im Feng Shui verpönt, dazu zählen auch markante Ecken (insbesondere wenn sie stark in einen Raum hineinragen). Wohin zielen die Kanten? Im Wohnbereich: auf den Esstisch, das Sofa? Solche Auffälligkeiten sollten gebrochen oder gerundet werden. Bei bestehenden Bauten platziert man einfach eine Pflanze vor den Störfaktor.

Zimmernutzung
Tragisch wenn die Architekten den Benutzern die Möblierung geradezu aufzwingen! In der Praxis verhält es sich nicht selten so, dass ein – von seiner Nutzung her bereits definierter – Raum nur auf eine Art eingerichtet werden kann.

Die Steckdosen diktieren, wohin der Fernseher kommt (oder das Bett). Idealerweise müsste man wählen können, wie man die Schlafstatt oder das TV-Gerät positioniert.

Raumfunktionen in unterstützenden Himmelsrichtungen
Die Raumfunktionen werden durch die entsprechenden Himmelsrichtungen unterstützt. Diese Erkenntnis sollte bei der Planung berücksichtigt werden.

Raumfunktion	Himmelsrichtung
Küche	Süden, Osten, Südosten
Wohnzimmer	Süden, Südwesten, Westen
Nasszellen	Norden
Schlafzimmer	Norden
Büro	Südosten
Meditationsraum	Nordosten, Norden
Kinderzimmer	Südosten
Spielzimmer	Westen
Bibliothek	Nordosten, Nordwesten
Zimmer für den Mann	Nordwesten
Zimmer für die Frau	Südwesten
Fitnessraum	Osten
Sitzungszimmer	Süden, Westen
Esszimmer, Personalrestaurant	Südwesten, Osten, Süden
Empfang	Südwesten
Chefbüro, Management	Nordwesten
Musikzimmer, Künstler-Atelier	Norden, Westen

Tabelle 40: Räume und ihre optimale Himmelsrichtung

Westliche Architekten platzieren die Toiletten zum Teil im Südbereich. Begründung: «Die Steigzone befinde sich gerade dort ...»

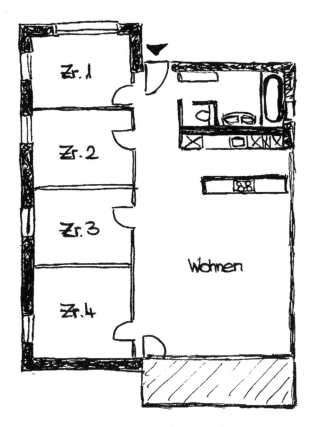

Abbildung 16: Ungünstiger Grundriss, keine klare Trennung zwischen dem privaten und halböffentlichen Bereich.

Mangel oder Übermass?
Nicht jeder Grundriss ist exakt quadratisch oder rechteckig. Oft weist er Fehlbereiche auf oder sogenannte Anbauten (Erker, Windfang, Wintergarten). Unser Formverständnis drängt jedoch zur Vollkommenheit, zur Ganzheit. Was bedeutet dies? Ein Fehlbereich weist darauf hin, dass ein Mangelgefühl herrscht. Und ein Anbau? Das Umgekehrte: Dieser Lebensbereich nimmt zu viel Raum ein. Das ist weiter nicht schlimm; handelt es sich mehrheitlich um einen bewussten,

gewachsenen Entscheid. Abzuklären wäre allenfalls, ob andere Sektoren zu kurz kommen oder einem realitätsfremden Ungleichgewicht Vorschub geleistet wird. Beispiel: In der Bagua-Zone «Reichtum» zeigt sich ein Mangel. Was könnte dies bedeuten? Hier besteht ein Defizit, welches sich unter Umständen im Realen widerspiegelt. Stichwort: permanente Geldsorgen. Mit geeigneten Massnahmen sollte die Zone korrigiert bzw. geheilt werden. Achtung: Der Eingriff zielt auf die Auswirkungen, nicht auf die Ursache!

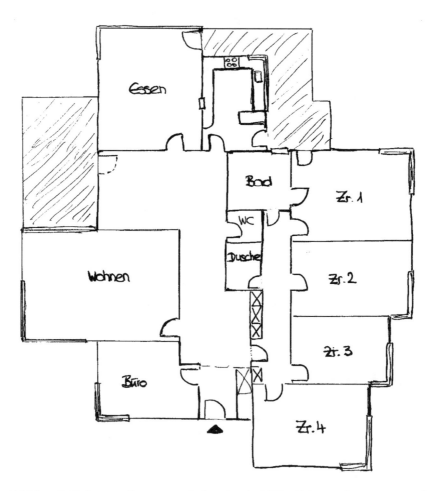

Abbildung 17: Gelungene Trennung zwischen dem halböffentlichen und privaten Bereich

Farbkonzepte, Materialwahl

«Denn ein Gebäude, das nützlich, aber von geringer Lebensdauer ist oder aber stark und fest, ohne bequem zu sein, oder auch die beiden ersten Bedingungen erfüllt, aber jeder Schönheit ermangelt, kann nicht als vollkommen bezeichnet werden.»
Andrea Palladio, italienischer Architekt, 1508–1580

Feng Shui stützt die Materialwahl sowie die Farbkonzepte auf die Himmelsrichtungen ab. Häufig verhält es sich so, dass gewisse Himmelsrichtungen gar nicht vertreten sind, da an diesen Seiten Fenster oder Türen fehlen. Klassisches Beispiel: Doppel- oder Reiheneinfamilienhäuser. Beim Kauf eines solchen Objekts muss man sich deshalb *vorher* entscheiden, welche Ausrichtung man bevorzugt. Aber auch bei Wohnungen in Mehrfamilienhäusern verhält es sich ähnlich. Die Nutzer sind von gewissen Energiequalitäten abgeschnitten. Stellen Sie sich vor, der Süden fehlt. Welche langfristige Auswirkung könnte dies auf die Bewohner haben? Der Süden steht für Visionen, Begeisterung, Aktivität und Leidenschaft. Fehlt diese Qualität, resignieren die Betroffenen, sie erscheinen mutlos, lethargisch. Der Energiemangel muss kompensiert, die Quelle anders aktiviert werden. Die Lösung liegt bei einem ausgeklügelten Farbkonzept. Gemäss Farblehre gehören Rot und Orange zum Süden. Was fördert den Süden bzw. das Feuer? Das Element Holz. Also kombinieren wir die zwei Farben mit Grüntönen, um das Feuer zu nähren. Die konkrete Umsetzung besteht in einem roten, orangen oder grünen Anstrich der Wände Richtung Süden. Die symbolische Übertragung führt zum Aufhängen von Bildern mit Darstellungen von Sonne, Meer, Feuer. Eine weitere Wärmequelle bilden das Cheminée oder ein Ofen. Im Süden wären sie perfekt platziert. Zusammengefasst: Die Wohneinheit braucht das Element Feuer. Die Hierarchie in der Architektur lautet: Form, Farbe, Material. Erst am Schluss kommt die Funktion! In der Phase der Projektentwicklung kann ich den fehlenden Süden mit Formen korrigieren. Erinnern Sie sich? Die Dreiecksform wäre hier die richtige. Bei bestehenden Formen bedienen wir uns der Farben. Parallel dazu können wir mit den Materialien arbeiten. Das Element Feuer entspricht dem Tierischen (echtes oder künstliches Leder, Fell). Eine rote Polstergruppe bringt den notwendigen Power.

Würde nun der Osten fehlen, käme ein Thema des Holzes oder des Wassers zum Zug. Nebst der Farbgestaltung (Grün oder eben Blau, Blaugrün) wäre das Material Holz: Parkett, Täfer, Furnier. Eventuell lässt sich eine Holzküche realisieren? Alle Himmelsrichtungen und Elemente wollen vertreten sein. Und wenn der Norden fehlt? Sicherlich müssten die Spiritualität, das Unbewusste, die Stille oder Meditation gestützt werden. Die Bewohner würden sich ohne Hilfestellung kaum mit sich selbst, ihren Schattenthemen auseinandersetzen – bis sie dazu gezwungen würden. Für Ausgleich sorgt hier das Element Wasser.

Um zur Ganzheit zu gelangen, bedarf es aller Qualitäten und Himmelsrichtungen. Der Feng Shui-Berater muss dies im Auge behalten. Wie bringe ich Vollständigkeit in ein Haus? Wie stelle ich es an, dass sich alle Elemente und Himmelsrichtungen im Objekt wiederfinden? An diesem Punkt setzt die Kreativität ein: die spielerische Auseinandersetzung mit Form, Farbe und Material. Gestaltungskraft ist gefragt!

Abbildung 18: Mut zur Farbe, auch in einem Gästezimmer

Die Umgebung

«Parks und Gärten sind grosse, begehbare Träume.»

nach Dieter Wieland, Autor, 1994

Der Garten repräsentiert unsere Seele. Je vielfältiger und interessanter er ist, desto grösser ist unser Seelenreichtum. Neben der Flora gehört auch die Fauna zu einer Grünanlage. Prachtvolle Bepflanzung, schützende Hecken oder ein Biotop locken verschiedenste Tiere an. Bei der Umgebungsgestaltung werden zum einen die Himmelsrichtungen berücksichtigt, zum anderen das Bagua. So nimmt sich der Kompost in der Partnerschaftsecke nicht gerade ideal aus: bedeutet er doch dauernde Transformation ...

Eine der zentralen Fragen lautet: Wo wird das Gewässer platziert? Wasser hat etwas Verunsicherndes. Möglicherweise ist es nichts für die Partnerschaftsecke! Es gilt, sich zu überlegen, was zu den einzelnen Bagua-Zonen passt (vgl. das Kapitel «Acht Lebensbereiche»). Den Gartentisch zieht es in den Bereich «Familie», den Grill gen Süden, das Biotop Richtung Norden oder Südosten. Der Gärtner wendet eventuell ein, dass das Biotop an die tiefste Stelle des Grundstückes zu liegen kommen müsse.

Und die Gartenzwerge? Sie decken die «hilfreichen Freunde» ab. Mit Vorteil rücken wir sie in die Nähe derjenigen Stelle, die den Elementargeistern gewidmet sind (symbolische Steinhaufen). Die Pfingstrose setzen wir dafür in die Partnerschaftsecke.

Jedes Element korrespondiert mit bestimmten Pflanzen, wird durch sie aktiviert. Was gilt es sonst noch zu beachten? Genau: Wie das Chi verläuft! Sie kennen die Antwort: am besten auf geschwungenen Wegen!

Bagua-Zone	Gestaltung
Karriere	Geschwungene Wege, eventuell Wasser
Partnerschaft	Zweier-Sitzbank, Skulptur der «Venus» oder eine Figur, welche Partnerschaft verkörpert
Herkunftsfamilie	Essplatz, Tisch: Rückendeckung mit Holzwand oder Büsche erstellen (Schildkröte)
Reichtum, Segen	Teich, üppige Bepflanzung, repräsentieren
Zentrum, Mitte	Freier Platz, Findling, rundes Blumenbeet
Hilfreiche Freunde	Blumen oder Sitzbank für Freunde, Apéro-Ecke, Tontöpfe
Kinder, Projekte	Sandkasten, Spielgeräte, runde, kugelige Formen
Wissen, Weisheit	Meditationsplatz, Kompost
Ruhm, Anerkennung	Skulptur, Feuerstelle, kleiner freier Platz, rote, kräftige Pflanzen

Tabelle 41: Die neun Bagua-Zonen und ihre Ausgestaltung bei Garten und Grünflächen

B) Feng Shui bei bestehenden Bauten

«Ein Haus ist eine Arche, um der Flut zu entrinnen.»
Katherine Mansfield, neuseeländische Schriftstellerin, 1888–1923

Obwohl man zu Beginn, bei der Projektentwicklung, mit Feng Shui am meisten erreichen kann, lässt sich auch bei bestehenden Bauten oder bei Umbauten einiges bewirken.

Die Bedeutung einzelner Räume

Für die architektonische Funktion unerlässlich ist die Bedeutung, der psychologische Hintergrund der einzelnen Räume. Eine Hausfassade wird nicht ohne Grund mit einem Gesicht verglichen: Der Mund entspricht der Haustüre, die Augen den Fenstern, das Dach/der Estrich dem Kopf (mentale Muster und Glaubenssätze). Was korrespondiert nun mit dem Keller? Seine Einheiten liegen unter der Oberfläche, er ist kühl, dunkel, unheimlich. Ja, dieser Teil steht für das Unbewusste! Steigen Sie das nächste Mal bewusst in Ihren Keller und betrachten Sie, was dort lagert. Was befindet sich da so alles, neben dem Zweckmässigen (Fundament, Zivilschutzraum, Vorräte, Sport-/Gartengeräte)? Was haben Sie hier reingestopft, verstaut, verdrängt? Ihre Vergangenheit? Dinge, die Sie nicht mehr sehen möchten, aber nicht weggeben können? Oder liegt da unten vielleicht ein Schatz verborgen?

Die Haut entspricht den Wänden, sie grenzt ab. Die Treppen und Korridore symbolisieren die Blutgefässe, sie transportieren die Energie im Hause, stehen aber auch für die Kommunikation. Kommunikationsprobleme gründen nicht zuletzt auf ungünstigen Kanälen. Die Küche kommt dem Magen gleich. Sie versorgt die Bewohner mit der lebenswichtigen Energie. Im Esszimmer wird gegessen, anschliessend verdaut. Irgendwann suchen wir die Toilette oder das Bad auf: den Ort des Loslassens, der Ausscheidung. Abends gehen wir ins Schlafzimmer, legen uns ins Bett, zwecks Ruhe und Regeneration.

1) Eingang
- Energie vor der Türe sammeln: Ming Tang
- Hausspruch (C+M+B+07, etc.), Schutzzeichen, Figuren
- die Haustüre ist wichtig, sie entspricht einem Filter
- durch die Tür erhält die Energie Zutritt

2) Empfangsraum/Entrée
- Vermittlung von innen und aussen
- Aufnahme, Einlass und Selektion (einladend? freundlich?)
- die Garderobe bildet ein zentrales Element
- erster Eindruck, man wird mit der Energie des Hauses konfrontiert

3) Wohnzimmer
- Treffpunkt und Austausch, Herzstück des Hauses
- halböffentlicher Charakter (Gäste, Geselligkeit)
- runder Tisch und Sofa: zusammensitzen
- wie viel Raum nimmt der Fernseher ein? Lässt er Kommunikation zu?

4) Küche
- Transformation, Kreativität und Entwicklung
- Aufbau der notwendigen Lebenskraft
- stärkster Yang-Pol
- der Herd (korrespondiert oft mit den Finanzen)
- zubereiten und Stärkung

5) Esszimmer
- Versorgung und Nahrungsaufnahme
- genährt werden und geniessen
- der Esstisch steht im Mittelpunkt (vorzugsweise ist er nicht aus Glas)

6) Büro/Arbeitszimmer
- Ausdruck des Wissens und der Persönlichkeit
- Konzentration und Weiterentwicklung
- der Schreibtisch ist das elementare Möbelstück

7) Schlafzimmer
- Erholung, Rückzug und Regeneration
- wichtigster Raum (Schlaf ist lebensnotwendig)
- unbewusste Realität
- Intimbereich

8) Kinderzimmer
- Impuls, Inspiration, Ideen, Fantasie
- Aufenthalts- und Schlafraum zugleich (keine Funktionstrennung)
- Symbol des Lebens (Kinder repräsentieren das Leben schlechthin)

9) Gästezimmer
- Austausch, Information, Freundschaft und Hilfe
- Aussenwelt und Umwelt
- «unrentable» Räume
- welchen Stellenwert haben andere Menschen bzw. deren Meinung für mich?

10) Abstellraum
- Gewohnheiten, Einstellungen
- Stau-Räume (!)
- was wird hier alles abgestellt?

11) Toilette/Badezimmer
- Reinigung, Be-Reinigung
- loslassen und Ausscheidung
- Energie geht weg

12) Keller
- Unbewusstes, Verdrängtes
- Fundament des Hauses

13) Estrich
- «Kopf»
- Werte, mentale Muster, Glaubenssystem
- um welches Thema kreisen meine Gedanken den ganzen Tag? Zu 90 Prozent immer um … ?

Die acht Lebensbereiche

«Ziel des Lebens ist Selbstentwicklung. Das eigene Wesen völlig zur Entfaltung zu bringen, das ist unsere Bestimmung.»

Oscar Wilde, irisch-englischer Schriftsteller, 1854–1900

Das menschliche Leben lässt sich in verschiedene Bereiche einteilen. Von Lebensberatern und Coachs werden entweder die Siebenjahresphasen angeführt oder die fünf klassischen Sektoren: Gesundheit, Partnerschaft, Beruf, Familie und Finanzen. Feng Shui folgt einer anderen Systematik. Diese stimmt sich auf die Trigramme sowie die Himmelsrichtungen ab. Daraus ergeben sich acht, (mit dem Zentrum) neun Bereiche. Die Betrachtungsweise ist differenzierter, die Planung konkreter. Zur Einstimmung können Sie sich fragen: Auf welchen Gebieten erkenne ich bei mir ein Steigerungspotenzial? Von welchem Aspekt möchte ich mehr haben?

Diese Lebensbereiche werden in das Bagua (oder auch Pa-Kua) übertragen, das heisst in ein achtgliedriges Raster. Das Bagua entspricht einem Oktagramm (achteckiges Symbol des I Ging, mit seinen acht Trigrammen und deren spezifischen Eigenschaften). Die Neunteiligkeit ergibt sich aus den acht Aussenbereichen sowie dem Zentrum. Das Raster dient hauptsächlich der Grundrissanalyse. Ausserdem verkörpert es die erwähnten Lebensbereiche: Karriere, Partnerschaft, Familie, Reichtum, hilfreiche Freunde, Kinder, Wissen sowie Ruhm. Im Zentrum steht das Tai Chi – die Gesundheit. Gemeint ist das gesamte Befinden, das körperliche, geistige, psychische und soziale Wohlergehen.

Das Bagua gehört zu den wichtigen Werkzeugen eines Feng Shui-Beraters. Es wird primär auf das Haupt-Wohngeschoss angewendet. Die Übertragung auf ein Zimmer, ein einzelnes Möbelstück (Arbeitstisch) oder aber auf ein Grundstück schliesst sich nicht aus.

Lebensbereich	--	-	-/+	+	++
1) Karriere – Lebensfluss Entspricht Ihr Beruf, Ihr Lebensweg dem, was Sie aus tiefstem Herzen wollen? Empfinden Sie Ihr Leben als einen beständigen Fluss? Sind Sie im Flow?					
2) Partnerschaft – Beziehungen Wie erleben Sie Ihre Beziehung zu anderen Menschen? Erfüllt Sie Ihre Partnerschaft? Erhalten Sie das, was Sie brauchen? Werden Sie in Ihrer Beziehung genährt?					
3) Familie – Eltern – Wegbereiter Wie ist das Verhältnis zu Ihren Eltern? Fühlen Sie sich von ihnen unterstützt? Haben Sie Zugriff auf das Potenzial Ihrer Vorfahren? Profitieren Sie von allfälligen Mentoren?					
4) Segen – Reichtum Fühlen Sie sich beschenkt, begünstigt, gesegnet? Herrscht in Ihrem Leben Fülle? Finanzen: Erhalten Sie das Geld, welches Ihnen zusteht?					
5) Einheit – Sein – Gesundheit Zentrales Element: Wie geht es Ihnen gesundheitlich? Sind Sie fit, voller Kraft und Energie? Fühlen Sie sich in Ihrer Mitte verankert?					
6) Hilfreiche Menschen – Unterstützung Gibt es Freunde, die jederzeit für Sie da sind? Sind Sie für jemanden ein aussergewöhnlicher Freund? Werden Sie von vielen lieben Menschen umringt?					

Lebensbereich	--	-	-/+	+	++
7) Kinder – Kreativität – Projekte Nehmen Sie sich Zeit für die schönen Dinge des Lebens? Kommen Sie mit Ihren Projekten voran? Wie ist das Verhältnis zu Kindern, zu Ihren eigenen Kindern?					
8) Wissen – Weisheit Haben Sie Zugang zu Ihrer inneren Wissensquelle? Was ist Ihnen besonders heilig? Was ist wichtig in Ihrem Leben? Wo liegen Ihre Kraftquellen?					
9) Soziale Anerkennung – Erleuchtung Habe ich meinen Platz im Leben gefunden? Bin ich meiner Berufung gefolgt? Wirke ich nach aussen anders, als ich wirklich bin?					

Tabelle 42: Die acht (neun) Lebensbereiche nach Feng Shui mit ihren jeweiligen Kernfragen

Die grosse Diskussion, welche zuweilen Verwirrung stiftet, dreht sich um folgenden Punkt: Wie entwickelt man dieses Raster auf dem Grundriss? Es gibt zwei Auslegungen, zwei Philosophien und zwei Schulen. Die eine propagiert, das Bagua nach den Himmelsrichtungen auszurichten, die andere orientiert sich an der Eingangstüre. Welcher Ansatz ist der bessere? Es gibt kein Richtig oder Falsch. Es ist einfach eine andere Methode. Die Qualitäten der Himmelsrichtungen entfalten sich langfristig (Themen, die erst mit den Jahren entstehen und ihre Auswirkungen zeigen). Das Türenmodell bringt rasche Ergebnisse, zeigt eine schnelle Wirkung. Das nachstehende Drei-Türen-Bagua beruht auf einem neueren Trend.

DU-Ebene

Segen Reichtum Finanzen	Soziale Anerkennung Ruhm Erleuchtung	Partnerschaft Ehe Zweierbeziehung
Familie Eltern Lehrer Wegbereiter	Einheit Essenz Gesundheit ZENTRUM	Kinder Projekte Kreativität Ideen
Weisheit Wissen Bewusstwerdung Urvertrauen	Vision Lebensfluss Karriere Lebensweg	Helfer Freunde Kollegen Unterstützung
↑	↑	↑

Ich-Ebene

←Vergangenheit　　　　　　　　　　　　　→Zukunft
←Ursprung　　　　　　　　　　　　　　　→Perspektive

Eingangsebene

Grafik 10: Das Drei-Türen-Bagua

Nach diesem Prinzip befindet sich die Eingangstüre immer in den Bereichen Wissen, Karriere oder Freunde. Wenn Ihr Grundriss zum Beispiel 6 Meter Breite und 9 Meter Tiefe aufweist, teilen Sie einfach alles durch drei. So erhalten Sie die neun Felder. Wenn sich das Haus in Ihrem Eigentum befindet, Sie über die Fassade verfügen können, so nehmen Sie das Aussenmass. Ansonsten gilt das Innenmass.

Anwendungsmöglichkeiten
Was lässt sich mit diesem Raster anfangen? Vieles! Der Einsatz variiert: Zunächst dient das Instrument der Grundriss-Analyse. Betrachten Sie Ihre Liste mit den neun Lebensbereichen. Welcher Bereich weist das grösste Steigerungspotenzial auf? Vergleichen Sie diesen mit der zugehörigen Zone in Ihrer Wohnung. Was stellen Sie fest? Sehen Sie einen Zusammenhang? Herrscht an dieser Stelle

Unordnung? Meiden Sie die Ecke? Wie ist sie eingerichtet? Welche Atmosphäre strahlt das Zimmer aus? Könnte etwas optimiert werden (Licht, Bilder, Pflanzen)? Steht dort ausgerechnet die Kakteensammlung? Wenn Sie jetzt die Raumfunktionen hinzunehmen, beginnt ein kreatives Kombinieren. Was muss in diesem Sektor bereinigt werden (Schlafen, Essen, Arbeiten)? Sollte ich etwas loslassen? Anderes intensivieren?

Letztlich geht es darum, sich bewusst einem Thema zuzuwenden, zu erkennen, was Sie wirklich wollen! Wie sieht Ihre Vision aus? Das ist der springende Punkt – und der Grund, weshalb ein Feng Shui-Berater sich zunächst zurückhalten sollte. Sie geben die Richtung vor! Der französische Philosoph *Michel E. de Montaigne* formulierte es so: «Kein Wind ist demjenigen günstig, der nicht weiss, wohin er segeln will.» Wenn das innere Bild Konturen annimmt, zeigt sich, welche Symbole ihm Ausdruck verleihen. Der Feng Shui-Berater hilft Ihnen dabei. Er legt einen visuellen Anker, der Sie täglich an Ihr Ziel erinnert.

Nachstehend finden Sie eine kurze Beschreibung der neun Bereiche sowie Beispiele zu deren Aktivierung. Das Bagua hat auch einen direkten Bezug zum Lo-Shu-Quadrat und dessen Zahlen (vgl. Numerologie) sowie zu den Qualitäten der Himmelsrichtungen. Dies trifft selbst dann zu, wenn wir das 3-Türen-Bagua anwenden.

Bagua-Zone	Kurzbeschrieb	Wird aktiviert durch ...
Karriere 1 Norden Element Wasser	Diese Zone fokussiert den Lebensweg, welcher für viele mit dem Job/Beruf identisch ist. Wir setzen uns ICH-Ziele. Das schrittweise Erreichen dieser Ziele nennen wir «Karriere», inkl. Qualifikation und sozialen Aufstieg. Die Zahl 1 signalisiert den Start, aber auch den Weg.	Hinderungsfreies Gestalten, hell und freundlich. Wassermotive, fliessende Formen, bewegendes Wasser

Bagua-Zone	Kurzbeschrieb	Wird aktiviert durch ...
Partner-schaft 2 Südwesten Element Erde	Im Vordergrund dieser Zone steht die Paarbeziehung, das Einlassen auf ein Gegenüber, ein DU. Ziel ist es, sich nicht als Polarität zu erleben, sondern als Einheit.	Weichheit, Herzlichkeit, aufbauende, beziehungsfördernde Bilder (Mandarin-Entenpaar, symbolisch für Treue), paarige Gegenstände (zwei Kerzenständer), Blumen (speziell Pfingstrosen), Fotos als Paar
Herkunft 3 Osten Element Holz	Die Themen dieser Zone kreisen um die Herkunftsfamilie, die Potenziale sowie die Erlösung der Familienthemen. Zusätzlich sind alle Mentoren angesprochen. Aus der Polarität, der Zwei, entsteht die Drei: Mann, Frau, Kind (= Familie).	Ahnengalerie, grössere Pflanzen, Wachstumsmotive, Erbstücke, Gegenstände der Vorfahren, Bilder des Friedens
Fülle, Reichtum 4 Südosten Element Holz	Die Vier symbolisiert die vergängliche Materie. In China ist die Vier eine Unglückszahl. Im Westen verkörpert sie Struktur, Stabilität und Ordnung, auch Segen. Hat Reichtum nur mit materiellen Gütern zu tun oder ist Reichsein eine Frage des Bewusstseins? Wann fühle ich mich «reich»?	Wasser, Wasserfall – kennzeichnend für den Wirtschaftskreislauf. Symbole, die an grenzenlosen Reichtum, an die Fülle und den Überfluss erinnern: Zimmerbrunnen, Aquarium, offene Schalen usw. Chinesische Münzen, Goldfische. Frische; Heiterkeit, hineinbringend; Dankbarkeit
Gesundheit 5 Zentrum Element Erde	Hier ist die eigene Mitte angesprochen, das sogenannte «Hara». Wenn ich mich in meiner Mitte befinde, bin ich gesund. Weitere Aspekte: das eigene Selbst, die Selbstwahrnehmung	Sich möglichst offen und frei halten. Licht und Helligkeit, DNS-Spirale oder Stabilisierung durch Kristallkugeln und Steine

Bagua-Zone	Kurzbeschrieb	Wird aktiviert durch …
Freunde 6 Nordwesten Element Metall	Unter diesem Punkt werden oft nur die guten, unterstützenden Freunde aufgeführt. Ganzheitlich betrachtet geht es um Geben und Nehmen.	Mineralien, Kristallsalzlampen, Metallgegenstände, Akzent auf Klarheit und Konzentriertheit
Kinder, Projekte 7 Westen Element Metall	Schöpferischer Ausdruck dieser Zone sind Kinder, neue Ideen und Projekte. Es dreht sich um Ästhetik, um Kreativität – letztlich um unser inneres Kind.	Kinderzeichnungen oder -fotos sowie alles, das an Genuss erinnert, an die Schönheit und Freuden des Lebens. Abendstimmung, Spielerisches, Humor, eigene Entwürfe
Wissen 8 Nordosten Element Erde	Zunächst ist das schulische, das kollektiv genormte Lernen gemeint, in einem weiteren Schritt jedoch auch das innere Wissen, die Erschliessung tieferer Erkenntnisse (Weisheit, Meditation, Persönlichkeitsentwicklung).	Alles, was Sie an Ihre innere Weisheit erinnert (Buddha, Mandala, Sokrates). Heilige Berge oder Orte, Bücher, Bibliothek, Schränke oder Truhen. Dinge mit Beständigkeit, Ruhe und Stabilität erzeugend
Anerkennung 9 Süden Element Feuer	Wenn wir das erreichen, was wir uns vorgenommen haben bzw. uns wirklich entspricht (Berufung), ernten wir Anerkennung, verspüren Zufriedenheit. Wir haben ihn gefunden, unseren Platz in der Welt.	Diplome, Urkunden, Collage meiner Visionen, Kerzen, Duftlampen, Lichtspiele, Leuchtkraft und Frische

Tabelle 43: Die neun Bagua-Zonen: Kurzbeschrieb und Aktivierung

Eine generelle Aktivierung dieser Lebensbereiche wird durch Licht erreicht. Licht ist ein wichtiges innenarchitektonisches Mittel. Es bringt Klarheit und Bewusstheit in die einzelnen Bereiche. Aber auch Pflanzen eignen sich gut. Sie reinigen die Luft und verkörpern Lebendigkeit.

Auf die vertikalen, horizontalen und diagonalen Bezüge des Baguas kann hier leider nicht weiter eingetreten werden. Dass Karriere mit Ruhm und Anerkennung in Verbindung steht, lässt sich indes leicht nachvollziehen. Umgekehrt hat die Partnerschaft auch mit Wissen/Erkenntnis zu tun. Je bewusster ich meiner bin, desto konstruktiver bringe ich mich in eine Beziehung ein. Die grösste Entwicklung erfahren wir durch Austausch und Auseinandersetzung. Ein letzter Aspekt: Oft liegen die Lösungen in der gegenüberliegenden Zone!

Arbeit mit dem Bagua
Wenn ein Lebensbereich verändert werden möchte, empfiehlt sich folgendes Vorgehen:
I. Innere Arbeit: sich intensiv mit dem Thema befassen, Selbstreflexion. Klar formulieren: Was will ich?
II. Die betreffende Zone freischaufeln (räumen, putzen). Vielleicht müssen einige Gegenstände entsorgt werden.
III. Durch Ergänzungen, Farben und Symbole den entsprechenden Bereich aktivieren, die Energie in Fluss bringen.

Abbildung 19: Herkunftsfamilie   *Abbildung 20: Reichtum und Fülle*

Abbildung 21: Hilfreiche Freunde (Menschen und Tiere)   *Abbildung 22: Lernen und Wissen*

Bunt oder weiss?

Über Farben haben wir im Kapitel zu den Grundlagen des Feng Shui einiges gehört. Bei bestehenden Bauten könne einzelne Räume gestrichen werden. Seien Sie mutig! Es reicht, ein bis zwei Wände eines Raums zu streichen, und dieser verändert sich komplett. Bringen Sie Farbe in Ihr Leben. Entrinnen Sie der Eintönigkeit!

Das Licht der Bewusstheit

«Architektur ist das kunstvolle, korrekte und grossartige Spiel der unter dem Licht versammelten Baukörper.»
Le Corbusier (Charles Edouard Jeanneret), Schweizer Architekt, 1887–1965

In der Baukunst dreht sich vieles um das Licht. Das Licht bestimmt die wechselnde Farbigkeit des Aussenbaus und verdeutlicht durch die Schatten Teilkörper bzw. die plastische Gliederung. Licht macht das Innere überhaupt erst sichtbar, als künstlerischen Ort begreifbar. Für den spanischen Architekten Antonio Gaudí war Licht ein wesentlicher Bestandteil seiner Architektur: «Die ideale Eigenschaft eines Kunstwerkes ist die Harmonie, die in der plastischen Kunst aus dem Licht, welches das Werk betont und verziert, entsteht. Die Architektur ist die Anordnung des Lichts.» Für ihn war Architektur die «Modulation des Lichts». Im Feng Shui ist das Licht ebenfalls wichtig. «Kein Raum ohne Naturlicht!», lautet die Devise. Zudem sollen alle Himmelsrichtungen mit der entsprechenden Qualität in einem Haus/einer Wohnung vertreten sein. Gegen alle Himmelsrichtungen hin sollten Öffnungen existieren (Fenster oder Türen).

Selbstverständlich gibt es auch noch andere Architekten, welche die Bedeutung des Lichts erkannt haben. So wurde der amerikanische Architekt Richard Meier als «Magier des Lichts» betitelt. Allerdings nimmt bei ihm das Verhältnis zwischen Fenster- und Fassadenflächen zeitweilig extreme Formen an; so dass die kosmische Energie, das Chi, rasch wieder nach aussen strömt.

Licht bedeutet Klarheit, Bewusstheit. Es ist ein Sonnensymbol. Nur was mir bewusst ist, kann ich verändern. Die Köpfe der Hydra wuchsen erst dann nicht mehr nach, als Herkules diese ans Licht hielt! Licht bringt die notwendige Klärung in die einzelnen Bagua-Zonen. Man darf ruhig von der Metaphysik des Lichtes sprechen. Konnte Gaudí das Licht nicht von der Seite, der Fassade her einbringen, holte er es von oben herab, durch Dachflächenfenster oder Oberlichter. Durch die Schaffung von Lichthöfen brachte er das Sonnenlicht gleich von zwei Seiten in die Innenräume. Er optimierte sogar die Auskleidung der Innenhöfe: Im oberen, vom Tageslicht erhellten Bereich wurden die Keramikplatten in einem dunklen Blau gehalten, das gegen unten immer heller wurde und dadurch das Licht bis zum Erdgeschoss einfing.

Wenn Sie einen Raum ohne Naturlicht haben, ein Bad oder eine Toilette, können Sie ein Dachflächenfenster einbauen oder attraktives Kunstlicht einsetzen. Licht ist ein grossartiges innenarchitektonisches Element! Licht wie auch das Feuer faszinieren in allen Kulturen. Es gibt fünf Arten von Licht: Raumlicht (Grundbeleuchtung), Funktions- oder Arbeitslicht, Akzentlicht, dekoratives Licht und kinetisches Licht. Wählen Sie weiches Licht, es vermittelt eine entspannte Atmosphäre.

Häufig anzutreffen, deswegen nicht weniger schockierend, sind weisse Neonrohren. Verwenden Sie stattdessen Softton-Röhren. Feng Shui bevorzugt indirektes Licht. Es beruhigt und erzeugt eine warme Stimmung. Zünden Sie gelegentlich Kerzen an (kinetisches Licht), geben Sie sich einer romantischen Anwandlung hin. Gehen Sie in einen Lampenshop. Sie werden staunen, ob der Vielfalt der Lichtquellen!

Abbildung 23: Sonnenaufgang: Ex oriente lux. Aus dem Osten (kommt) das Licht.

Möblierungskonzepte

«Die Umgebung, in der der Mensch sich den grössten Teil des Tages aufhält, bestimmt seinen Charakter.»
Antiphon von Rhamnus, griechischer Philosoph, 480 – 411 v. Chr.

Bei der Inneneinrichtung gibt es ein wichtiges Prinzip: Wir sollten die Macht, die Kontrolle über den Raum bekommen. Ihn nicht beherrschen, aber ausfüllen. Wie gelingt das? Erinnern Sie sich an die Ausführungen zur Ausrichtung eines Gebäudes? Es braucht eine Rückendeckung – vergleichbar mit dem Berg hinter dem Haus, symbolisiert durch die Schildkröte. Wir fühlen uns erst wohl, wenn wir von hinten geschützt sind. Gleichzeitig benötigen wir einen unverstellten Blick zu Tür und Fenster. Wir müssen erkennen, wenn jemand ins Zimmer tritt. Erst wenn wir uns sicher fühlen, können wir uns auch entspannen.

Entspannung bedeutet Kreativität. Wie besagt der Volksmund: «Er ist mir in den Rücken gefallen!» Wohin setzen Sie sich in einem leeren Restaurant? In eine Ecke, wo Sie Rückendeckung haben, die Eingangstüre stets im Auge. Wenn bei einer Sitzung die Wahl des Stuhls freisteht, entscheiden Sie sich für den machtvollsten, stärksten Platz: Rücken abgedeckt, Blick zur Tür. Das Meeting wird für Sie gut verlaufen. Nicht zuletzt deshalb, weil Sie sich gefestigt fühlen.

Polstergruppen mitten im Wohnzimmer sehen in einer Designerzeitschrift toll aus, erweisen sich in der Realität jedoch als unpraktisch. Sie dienen der Dekoration, aber nicht dem Gebrauch. Design oder Geborgenheit? Die Frage stellt sich in jedem Raum, ob Schlafzimmer, Bad oder Büro. Ich kenne Kunden, die sich nach einem Jobwechsel über Rückenschmerzen beklagten. Der Grund? An ihrem neuen Arbeitsplatz sassen sie mit ungeschütztem Rücken und Blick zur Wand. Die Folge: eine totale Verunsicherung, manifestiert in Muskelverspannung. Ein Paravent oder Pflanzen können hier viel bewirken. Besser wäre die wohl distanzierte Sicht aus einem Fenster (Entwicklung von Visionen und Strategien). Im Schlafzimmer gilt dasselbe: Nur ein guter, sprich starker Bettplatz gewährleistet eine erholsame Nachtruhe. Konkret: geschützter Kopfbereich, Blick zur Tür.

Abbildung 24: Entstehen an diesem Arbeitsplatz grosse Visionen und Ziele? Zudem ist der Rücken ungeschützt. Dies kann zu Verspannungen führen.

Feng Shui und Kunst

Bilder und Skulpturen wirken stark, auch ohne unser Dazutun. Verschiedene Ebenen spielen dabei eine Rolle: Farben, Formen, Symbolgehalt, Ausstrahlung, Herkunft des Kunstwerks, Umstände und Zeitpunkt des Erwerbs usw. Kunstobjekte stellen einen visuellen Anker dar, sie aktivieren unbewusste Kräfte in uns:

aufbauende oder energieraubende. Eines müssen Sie wissen: Feng Shui beurteilt nicht den künstlerischen Wert, sondern den Effekt auf die Bewohner! Es ist kaum anzunehmen, dass «Der Schrei» von Eduard Munch erhebend oder inspirierend wirkt. Dafür klassisch, unverfänglich und bekannt ... Feng Shui nimmt eine andere Sichtweise ein: Es betrachtet das Inhalts- oder formästhetische Prinzip. Kann etwas durch Form oder Farbe aktiviert werden? Wird durch den Symbolgehalt etwas anderes reduziert (Angst, Trauer)? Gleichzeitig berücksichtigt man, um welchen Raum es sich handelt. Hinzu kommen folgende Punkte: Wie ist der Einrichtungsstil? Wo liegen die Präferenzen des Kunden? Wie hoch ist sein Budget? Was will der Klient erreichen? Die zentrale Frage lautet indes: Stärkt oder schwächt das Kunstwerk die Bewohner? Ein Bild kann anhand der Formen oder Farben ausgewählt werden (oder aufgrund des Symbolgehaltes). «Der Kuss» von Gustav Klimt passt gut in die Partnerschaftsecke, ebenso wie die gleichnamige Skulptur von Auguste Rodin. Im Schlafzimmer sollten wir möglichst wenige Bilder anbringen, damit der Schlaf nicht gestört wird. Die gerahmte Darstellung über dem Ehebett symbolisiert die Vision der Partnerschaft. Was bedeutet es wohl, wenn dort die Mutter Gottes thront?

Raum-Clearing
Der britische Autor und Biologe *Rupert Sheldrake* wurde durch seine These über die morphogenetischen Felder bekannt. Sie besagt, dass es noch nicht entdeckte Strukturen gibt, welche die Formbildung (und weitere Prozesse) beeinflussen. In diesen Feldern speichert die Natur Informationen. Diese Theorie nahm der Soziologe *Michael Mayerfeld Bell* auf. Er setzte sie in den Kontext der raumbezogenen Gesellschaftsanalyse. Der amerikanische Forscher geht davon aus, dass Menschen, die sich länger an einem Ort aufhalten, dort ihren «Geist» («Ghost of Place») hinterlassen. Ein Umstand, welcher die sogenannte «Atmosphäre» ausmacht. Manifestierte Gedanken und Gefühle beeinflussen diejenigen, welche den Raum anschliessend betreten. Man denke nur an einen Gerichtssaal ...

Deshalb erkundigen sich die Chinesen jeweils genau nach den vorherigen Eigentümern oder Mietern eines Hauses, einer Wohnung oder Geschäftslokalität. Worin lagen die Gründe für den Auszug: Expansion, Weiterentwicklung, finanzielle Probleme, eine Scheidung? Die Emotionen und Gedankenmuster der

Benutzer hängen in den Räumen. Wir alle kennen die Redewendung «hier herrscht dicke Luft». Als Makler sollte man wissen, weshalb der Auftraggeber seine Liegenschaft veräussern möchte. Kritische Käufer erkundigen sich danach.

Um die beschriebenen Energiefelder geht es beim Raum-Clearing. Letzteres klärt, reinigt die Atmosphäre. Dies geschieht in zwei Schritten: erstens durch die Neutralisierung der Aura eines Raumes, zweitens durch das Anziehen einer positiven Wirksamkeit. Die Vorgehensweisen sind unterschiedlich, im Osten wie im Westen. Manche teilen das Clearing in die vier westlichen Elemente ein: Feuer, Wasser, Erde und Luft. Das Feuer wird repräsentiert durch brennende Kerzen, das Wasser durch gefüllte Wasserschalen, die Erde durch Meersalz und die Luft durch Räucherwerk. Auch Klangschalen filtern Energien heraus. Zuerst muss die alte, unerwünschte Kraft entweichen, bevor die neue, aufbauende Stärke eingebracht werden kann. In der Praxis haben sich zwei Methoden bewährt: Die Räucherung sowie die Reinigung mit Meersalz. Auch sonst können wir – wenn das Energieniveau sinkt – Meersalz in alle Ecken streuen. Vergessen Sie nicht, die Häufchen am nächsten Tag wieder zu entfernen! Meersalz hat eine reinigende Wirkung. Wenn sich Fliegen am Boden aufhalten oder in geringer Höhe fliegen, ist die Atmosphäre träge, sie sollte gereinigt werden. Vor dem Einzug in ein Haus, nach einer Krankheit oder Krise empfiehlt sich eine Räucherung. Auch dieses Ritual beinhaltet zwei Schritte: Für die erste, reinigende Räucherung eignet sich Salbei, speziell der amerikanische Weisse Salbei (White Sage). Allenfalls kann Zeder und Beifuss beigemischt werden. Man beginne im Osten und durchschreite Raum für Raum: Richtung Süden, Westen und Norden. Tags darauf folgt die zweite Räucherung (mit Weihrauch, eventuell Myrrhe und Copalharz). Allerdings ist dieser Technik nicht immer Erfolg beschieden. Andernfalls wird zu einer Inkorporation geraten. Letztere versucht, mit den störenden Fremdenergien in Kontakt zu treten und sie aufzulösen.

C) Am Anfang war das Entrümpeln

«Wer sein Leben in Ordnung bringen will, muss erst einmal sein Haus aufräumen.»
Weisheit aus China

Warum nimmt das Entrümpeln, das Ausmisten im Feng Shui eine derart zentrale Stellung ein? Bereits Laotse prophezeite in seinem Tao Te King: «Was leer ist, wird voll.» Salopper ausgedrückt: Bevor etwas Neues ins Haus kommt, muss etwas Altes weg. Ausgedientes hat einen grösseren Einfluss, als man denkt. Nicht von ungefähr heisst es auch «Altlast» oder «Unrat». Bevor wir uns jedoch mit den Auswirkungen beschäftigen, muss geklärt werden, was hinter dem Wort «Gerümpel» steckt.

Was ist «Gerümpel»?

Jeder hat seine eigene Definition (und Schmerzgrenze) hinsichtlich Überflüssigem. Gehen wir davon aus, dass wir zu einem Gegenstand keinen Bezug mehr haben, keinen emotionalen Draht, keinen Energiefaden mehr. Deshalb sollten wir uns von diesen Dingen befreien. Wir mögen sie nicht, wollten sie eventuell gar nie – zum Beispiel unwillkommene Geschenke –, verbinden mit ihnen eine unangenehme Erinnerung. Verwendet werden die Kisten, Säcke etc. längst nicht mehr, dafür stehen sie herum. Der englische Designer *William Morris* meinte: «Sie sollten nichts im Haus haben, von dem Sie nicht wissen, ob es nützlich ist, oder das Sie nicht als schön empfinden.»

Entsorgen Sie auch Objekte, die keinen bestimmten Platz einnehmen, die Sie immer wieder umstellen. Sie versperren etwas. Ihre Beseitigung schenkt Freiraum, durch die neue Sicht entsteht Klarheit!

Manchmal braucht man Luft zum Atmen. In solchen Momenten hilft es, etwas Unliebsames aus dem Weg zu räumen (Abfall, Ausgeliehenes, Defektes etc.). Die Grundfrage lautet: Was für ein Gefühl löst es bei mir aus? Erfreut es mich immer wieder aufs Neue, stärkt es mich oder ärgere ich mich nur darüber?

Abbildung 25: Zu viel Akten, zu wenig Freiraum. Diese Auslegeordnung verhindert Klarheit und Effizienz.

Auswirkungen des Gerümpels

Zur Präzision: Wir sprechen hier nicht vom Messie-Syndrom (engl. Mess = Unordnung, Dreck), welches pathologische Züge trägt. Hierbei steigert sich die Unordentlichkeit bis zur Vernachlässigung der Räume bzw. Zumutung für die Umgebung – sei es durch Geruchsbelästigung oder hygienische Probleme. Messies sammeln und horten zwanghaft alles, selbst wertlose oder verbrauchte Dinge. Sie leiden unter ständigen Zeitproblemen, sind auf ihren Wahn fixiert und kaum mehr handlungsfähig. Zur Hilflosigkeit gesellt sich die soziale Isolation; nicht zuletzt deshalb, weil ihre Wohnung nicht mehr betretbar ist.

Zu viel Krempel kann aber auch Nicht-Messies lähmen. Der «alte Plunder» (wie wir ihn abschätzig nennen) bindet an die Vergangenheit. Manche meinen sogar, dass der Ramsch zu physischer Verstopfung, ja Übergewicht führe. Jedenfalls trübt er die Lebensfreude, blockiert und verhindert Wichtiges. Zusätzlich raubt er viel Zeit und Kraft (suchen, schieben, sich ärgern). Die Auswirkung variiert, je nach der Bagua-Zone. In der Reichtumszone könnte der Geldfluss blockiert sein, im Lebensbereich Beruf wird ein «Karrierestau» provoziert.

Es gibt genügend Gründe, um auszumisten. Weggeräumtes bringt vieles wieder in Fluss. Der österreichische Populärphilosoph *Ernst von Feuchtersleben* formulierte es treffend: «In einem aufgeräumten Zimmer ist auch die Seele aufgeräumt.»

Was hindert uns am Räumen?

Trotz stichhaltiger Argumente drücken wir uns um den definitiven Entscheid, etwas wegzugeben. Weshalb? Man könne den Krimskrams vielleicht noch einmal gebrauchen ... Dann würde es einen reuen ... Vielleicht verbinden wir materiellen Besitz mit einem gewissen Status? Zeigt sich so etwas wie Geiz? Bei ältern Leuten lässt sich ein Sicherheitsbedürfnis feststellen, insbesondere bei denjenigen, welche den Zweiten Weltkrieg erlebt haben. Sicherlich spielt die Erziehung eine Rolle. Glaubenssätze wie: «Man wirft etwas nicht weg, wenn es noch ganz ist. Welche Verschwendung!»

Visualisieren Sie den Endzustand vor Ihrem inneren Auge. Prüfen Sie, ob Sie sich wohlfühlen, sich die Atmosphäre lichtet. Durchschreiten Sie Raum für Raum, erleben Sie Ihr Heim auf eine neue Art. Spüren Sie aufbauende Energie, Aussöhnung, Erlösung, Ruhe, Frieden? Gehen Sie auf den Idealzustand zu. Motivieren Sie sich, beginnen Sie mit der Entrümpelung – jetzt!

Systematisches Ausmisten

«Die Basis einer gesunden Ordnung ist ein grosser Papierkorb», verkündete einst der deutsche Schriftsteller *Kurt Tucholsky*. Bevor Sie loslegen, sollten Sie sich ein/zwei Regeln aufstellen, zum Beispiel bei Büchern. Eine mögliche Entrümpelungsregel könnte lauten: «Wenn ich das Buch in den letzten fünf Jahren nicht mehr gelesen bzw. gebraucht habe, werde ich es auch in den nächsten fünf Jahren nicht mehr brauchen. Also, weg damit!» Welche Regeln wollen Sie bei Ihren Kleidern anwenden? Bei den Schuhen, Hüten oder Handtaschen? Radikal sollten wir dann vorgehen, wenn eine Krise durchgestanden ist, eine längere Krankheit überwunden. Auch nach einer Trennung oder Scheidung empfiehlt es sich, möglichst viel auszuwechseln, insbesondere das Bett, die Matratze und die Bettwäsche. Im Bett stecken die Energien Ihrer früheren Beziehung. Verbinden Sie einen Neuanfang mit einer neuen Garderobe! Wechseln Sie Ihr Parfüm, legen Sie sich einen frechen Haarschnitt zu. Signalisieren Sie Vitalität durch Ihr Äusseres.

Ein weiteres Hilfsmittel sind Kisten. Die erste Kiste eignet sich für Dinge, die wir endgültig entsorgen, Stichwort Abfall oder Recycling. Sie füllt sich vermutlich rasch! Die zweite Kiste verwenden wir für Dinge, die wir verschenken oder verkaufen möchten (die Pfeifen-, Münz- oder Briefmarkensammlung). Die Wohltätigkeitskiste nimmt Kleider und Schuhe auf, eventuell auch einen Wertgegenstand.

Vergessen Sie nicht Estrich, Keller oder Garage! Wenn Sie schon dabei sind: Selbst Ihr Computer will entrümpelt werden, von überholten Dateien, Daten und Adressen. Herzensstücke kommen auf die «Beobachtungsstation». Verstauen Sie Nippes, Andenken oder Liebesbriefe in einer Schachtel und stellen Sie diese in den Keller. Nach einem Jahr können Sie nochmals darüber befinden. Vermutlich haben Sie gar nichts vermisst...

Idealerweise wird die Räumungsaktion parallel zum Frühlingsputz durchgeführt. Die Krux liegt allerdings im Alltag. Es ist wie beim Abnehmen. Einige Pfunde verliert man rasch, aber das Idealgewicht zu halten fällt schwer. Wie bleiben wir also krempelfrei? Welche Massnahmen treffen wir? Ein Einkaufsstopp für drei Monate? Konsequenter Austausch (Neues kommt, Altes geht)? Ich empfehle ein Drei-Punkte-Programm: die eigenen Konsumgewohnheiten überdenken, bewusst Ordnung halten sowie regelmässig und konsequent entsorgen. Dies ist die Lösung!

Das objektive Entrümpeln wirkt sich auch auf unser subjektives Leben aus. Hier gilt es gleichfalls Ballast abzuwerfen: körperlich, mental, emotional. Wir wären damit im Bereich des inneren Feng Shui. Mental betrifft dies überholte Verhaltensmuster und Werte, ebenso wie Jammern, Stöhnen, Klagen, Kritisieren, Schuldzuweisungen usw. Zudem sollte man gelegentlich das «emotionale Gepäck» überprüfen, den Rucksack an Unverarbeitetem oder Negativem. Er kann uns lähmen oder blockieren (Schuldgefühle, Sorgen, Ängste, Hass etc.).

Westliche Astrologie und Feng Shui

«Wir werden in einem vorausbestimmten Augenblick geboren, an einem vorausbestimmten Platz, und haben, wie der Jahrgang eines Weines, die Qualität des Jahres und der Jahreszeit, in der wir zur Welt kamen. Nicht mehr und nicht weniger behauptet die Astrologie.»

Carl Gustav Jung, Schweizer Psychologe, 1875–1961

Was hat Astrologie mit Feng Shui zu tun? Und dann noch die westliche Astrologie? Die chinesische Astrologie gehört klar zum Feng Shui. Es gibt chinesische Meister, die keine Feng Shui-Beratung vornehmen, ohne vorher das Horoskop aller Bewohner analysiert zu haben. Dahinter steht die Idee, dasjenige, was den Bewohnern (aufgrund der Auslegung des Geburtsbildes und der Sternzeichen) fehlt, durch Architektur auszugleichen. Fehlt dem Sohn das Element Feuer, so kann sein Zimmer entsprechend ausgestattet werden. Der kompensatorische Effekt besteht darin, das innere Feuer anzufachen.

Die chinesische Astrologie unterscheidet sich wesentlich von der westlichen Astrologie. Sie zeigt starke Affinitäten zur Numerologie, zudem stützt sie sich auf die fünf Elemente statt auf die Planeten. Auch im *Lo Pan* spielt die chinesische Astrologie mit. Der Lo Pan ist ein Kompass mit 11 bzw. 22 Ringen. Darauf sind unter anderem die zwölf chinesischen Tierkreiszeichen abgebildet: im Norden die Ratte, im Süden das Pferd. Hinzu kommen die 28 Mondhäuser sowie die fünf Elemente. Daraus wird ersichtlich, welche Tierkreisqualitäten sich in welchem Raum befinden.

Die Kernfrage lautet indes: Geht das nicht auch mit unserer Variante, zumal diese viel differenzierter ist? Die Antwort heisst: Ja! Genauso wie sich der westliche Tierkreis auf den Lo Pan übertragen lässt, kann die westliche Astrologie im Feng Shui eingesetzt werden – nicht zuletzt zum Thema Wohnen und Bauen.

Astro-Kartografie

Der Geburtsort spielt bei der Erstellung eines Grundhoroskops eine zentrale Rolle. Es ist nicht unerheblich, ob ich in Zürich oder New York zur Welt gekommen bin. Je nachdem verändert sich das ganze Häusersystem, inklusive der Aszendenten. Durch örtliche Verschiebungen werden gewisse Planeten besonders aktiviert, der Raum bzw. der Ort direkt mit dem Horoskop verbunden. Anfang der siebziger Jahre entwickelte *Jim Lewis* ein komplexes System, die Astro*Carto*Graphy (ACG). Mit diesem Instrument liessen sich die Auswirkungen von Ortswechseln erfassen und auswerten. Die Entdeckung gab der bis dahin eher unsystematisch arbeitenden Relokationsastrologie ein verlässliches Fundament.

Fühlen Sie sich an einem bestimmten Ort vital und an einem andern wie gelähmt? Die Astro-Kartografie zeigt auf, welche Breitengrade Sie in welcher Beziehung unterstützen. Ein Phänomen, welches sich an berühmten Biografien nachvollziehen lässt: Häufig brachte ein Ortswechsel den Durchbruch.

Standortastrologie

Diese Methode ist noch wenig bekannt, trotz ihres ebenso faszinierenden wie einfachen Ansatzes. Bei der Standortastrologie legt man das persönliche Horoskop auf den Grundriss und zieht die Planetenlinien in den Raum: ausgedehnt auf den Wohnort, allenfalls auf das ganze Land. Das Ergebnis führt zu Beobachtungen der folgenden Art: Wo befinden sich Mars, Mond und Venus? Aus welcher Himmelsrichtung kommt die Marsenergie (die Tatkraft)? Die Marslinie birgt in sich das Aktivitätszentrum, dieses spornt an. Ein Ofen wäre hier gut platziert. Aus dieser Richtung können indes auch Angriffe kommen. Wenn wir die entsprechende Gerade verlängern, können wir erkennen, woher die Aggression stammt. Befinden sich auf der Fortsetzung die Hausbank, die Kaserne oder das Bezirksgericht?

Wohnbedürfnisse astrologisch betrachtet

Viele kennen ihre Wohnbedürfnisse nicht wirklich. Was gibt mir das Gefühl der Geborgenheit? Wann fühle ich mich rundum wohl? Anhand des Grundhoroskops können diese Aspekte eingehend beleuchtet werden. Dafür verantwortlich sind das 4. Haus im Horoskop sowie der Mond. Mit diesen Anhaltspunkten werden zudem Form, Farbe und Material ermittelt. Das Horoskop erweist sich dabei als hilfreiche Leitlinie.

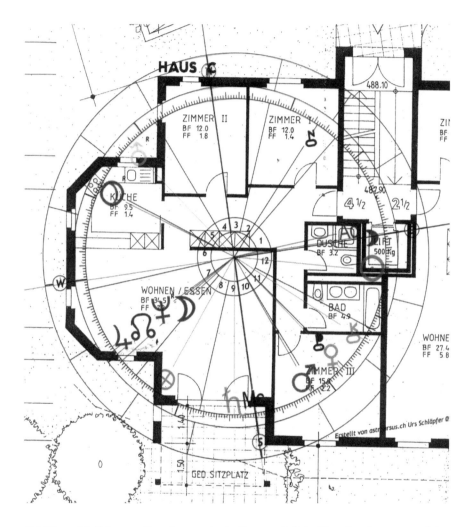

Abbildung 26: Skizze zur Standortastrologie. Das persönliche Horoskop legt man auf den Wohnungsgrundriss. Mars und Venus befinden sich hier im Schlafzimmer (führt zu Aktivität und Sinnlichkeit). Pluto agiert in der Küche (Transformation durch Kochen und Braten)?

Wie verhält es sich nun, wenn mehrere Leute zusammenziehen? Wie sieht es bei einem Paar aus? Hier beginnt eine spannende, tiefgreifende Diskussion! Häufig bestehen unterschiedliche Auffassungen und Bedürfnisse, etwa zu Geborgenheit. Kann sich das Paar gegenseitig dieses Gefühl vermitteln? In einem solchen Fall entwirft es eventuell gemeinsam einen eigenen, neuen Einrichtungsstil. Nicht von ungefähr meint ein Sprichwort: «Haus fertig – Ehe auch!»

Der richtige Zeitpunkt

Last, but not least: Mit der westlichen Astrologie lassen sich auch Termine und Zeitpunkte ermitteln. Die Unterzeichnung des Kaufvertrags, der Baubeginn oder Einzug bilden Eckdaten, welche nicht dem Zufall überlassen werden sollten. Für das richtige Timing empfiehlt es sich, zusätzlich die Tagesqualität der chinesischen Mondhäuser zu beachten sowie das – aus dem Osten stammende – System des 9-Sterne-Kis zu berücksichtigen.

Eine kleine Vorschau: Das 2008 erscheinende zweite Buch von Stefan Kessler widmet sich unter anderem den Parallelen von westlicher Astrologie und Feng Shui.

Die 21 häufigsten Fragen

Bei Vorträgen oder auf Podien werden oft dieselben Fragen zu Feng Shui gestellt. Nachstehend eine Sammlung der häufigsten Fragen und Antworten.

1) Was versteht man unter «Feng Shui»?

Feng Shui versucht die Innen- sowie Aussenräume so zu gestalten, dass sie auf den Menschen positiv wirken. Idee: ihn in seinem Sein zu unterstützen und zu fördern. Die Feng Shui-Architektur ist ausgesprochen humanistisch.

2) Ist Feng Shui eine Religion?

Nein, Feng Shui ist keine Religion, wenngleich der philosophische Hintergrund aus dem Taoismus stammt.

3) Muss man an Feng Shui glauben, damit es wirkt?

Nein, bei Feng Shui handelt es sich nicht um eine Glaubenssache. Formen, Farben und Materialien üben auch so ihre Wirkung auf den Menschen aus.

4) Ist eine Feng Shui-Beratung teuer?

Eine Feng Shui-Beratung als solche ist nicht teuer. Die Verrechnung geschieht nach Stundenaufwand oder pauschal (aufgrund der Fläche). Ein anderer Punkt ist die Umsetzung der vorgeschlagenen Massnahmen: Diese kann unter Umständen kostspielig werden.

5) Hat der Westen nicht auch eine Art von Feng Shui?

Grundsätzlich besitzt jede Kultur ihr Feng Shui. Allerdings ist dieses Wissen nicht immer so direkt zugänglich wie im Osten. Hierzulande gingen Erkenntnisse verloren (einerseits durch Schweigegelübde bei den Pythagoräern oder den Bauhütten, andererseits durch zerstörerische Umwälzungen der Inquisition und der Aufklärung).

6) Weshalb ist Feng Shui so trendy geworden?

Die Nachfrage nach Feng Shui ist verständlich. Die Menschen sehnen sich nach einer humaneren Architektur, nach Geborgenheit und Wärme. Diese psychologische Dimension blieb lange unberücksichtigt. Architektur betrifft uns alle! Deshalb sollten wir uns intensiver darum kümmern.

7) Warum gibt es so wenig Häuser, die nach Feng Shui-Kriterien gebaut sind?

Den hiesigen Investoren und Raumplanern fehlt der Mut, Feng Shui-Kriterien anzuwenden – trotz verstärkter Nachfrage. Sie fürchten einen Prestigeverlust. Dabei würde genau das Gegenteil passieren. Hoffen wir, dass sich das ändert zu Gunsten einer echten Innovation!

8) Was versteht man eigentlich unter «Geomantie»?

Geomantie ist ein wenig eingegrenzter, sich stets wandelnder Begriff. Übersetzt bedeutet das Wort «Erdweissagung», Weissagung aus der Erde. Eng verbunden damit ist auch die Radiästhesie (Wasseradern, Curry-Gitter, Ley-Lines, Verwerfungen usw.). Heute geht es zusätzlich darum, die Identität eines Orts zu erfassen (Genius Loci) sowie durch geeignete Massnahmen zu unterstützen: Dies in der Annahme, dass die Natur belebt ist und man mit ihr kommunizieren kann.

9) Wie gestaltet sich die Zusammenarbeit zwischen einem Architekten und einem Feng Shui-Berater?

Die Zusammenarbeit mit den Architekten ist leider wenig institutionalisiert, obwohl sie seitens der Feng Shui-Beratung erwünscht wäre. Bleibt zu hoffen, dass Berührungsängste und Konkurrenzdenken einer anderen Haltung weichen: der Berücksichtigung der Kundenwünsche (= auch derjenigen der Endnutzerinnen!) sowie dem Finden einer insgesamt guten Lösung.

10) Hilft Feng Shui bei Schlafstörungen?

Schlafstörungen können unterschiedliche Ursachen haben, insbesondere auch psychische Belastungen (Angst vor Kontrollverlust, Loslassen, Betonung der Yang-Seite). Aber auch geopathische Einflüsse beeinträchtigen den Schlaf (Wasseradern etc.). Unter Umständen erweisen sich die Schlafrichtung als ungeeignet, die Möblierung oder das Farbkonzept. An diesen Punkten setzt Feng Shui an.

11) Ist der wirtschaftliche Erfolg Chinas auf Feng Shui zurückzuführen?

So direkt kann man dies nicht sagen. Zu viele Faktoren spielen bei solchen Entwicklungen eine Rolle. Tatsache ist, dass während der Kulturrevolution Feng Shui in China verboten wurde – im Gegensatz zum britisch regierten Hongkong. Mit der Öffnung Chinas fand auch Feng Shui wieder seine Anwendung.

12) Kann jeder nach Feng Shui bauen und einrichten, selbst wenn er keinen Bezug zur chinesischen Kultur hat?

Das Europäische Feng Shui bedingt nicht, dass man Asien-Fan ist. Ein guter Feng Shui-Berater berücksichtigt den Stil und Geschmack seiner Kunden. Das Resultat zeigt sich nicht in der Dominanz eines Stils, sondern in der durchgehend positiven Atmosphäre.

13) Wie entstand eigentlich das Feng Shui?

Feng Shui basiert vor allem auf Naturbeobachtung, Erfahrung und Intuition. Zudem liegt ihm das taoistische Denken zugrunde: Harmonie, keine Extreme, Humanismus. Ursprünglich wurde das Prinzip bei Friedhofanlagen angewandt, erst später folgten Wohn- und Geschäftsbauten.

14) Wo liegen die Anwendungsbereiche des Feng Shui?

Die Anwendungsbereiche sind vielfältig, wobei die Einflussnahme bei Neubauprojekten am grössten ist. Aber auch bei bestehenden Bauten kann man viel erreichen. Die Umsetzung erstreckt sich auf die Umgebungsgestaltung, die Architektur, Innenarchitektur, Möblierung, Dekoration und Farbgestaltung. Selbst die Standort- und Grundstückanalyse wird Feng Shui-mässig durchleuchtet. Einzug hielt Feng Shui überdies in der Grafik und Logo-Entwicklung. Es gibt sogar Küchenbauer und Möbelschreiner, die ihre Arbeiten nach diesem System ausrichten.

15) Im Zusammenhang mit Feng Shui hört man immer wieder den Begriff «Chi» (oder Qi)? Was bedeutet dies?

«Chi» lässt sich eigentlich nicht übersetzen. Man könnte es am ehesten mit Energie vergleichen. Auch andere Kulturen kennen diesen Begriff. In Indien heisst er «Prana», in Japan «Ki». Mit Chi arbeiten Feng Shui-Berater immer, um Kraft in Räume zu bringen, die Wirkung optimal zu verteilen und ihre Aufenthaltsdauer zu erhöhen. Moderne Physiker wie Niels Bohr oder Fritjof Capra vergleichen das Chi mit dem Quantenfeld.

16) Ist Feng Shui Esoterik?

Um diese Frage zu beantworten, müsste man vorerst «Esoterik» definieren. Viele neigen dazu, alles, was man nicht versteht oder «beweisen» kann, voreilig in die Esoterikschublade zu stecken. Die Historie zeigt: Was gestern noch als Aberglaube galt, ist heute Wissenschaft (und umgekehrt). Die Prinzipien von Feng Shui bestätigen mittlerweile die Forschung, namentlich die Wohn- und Architekturpsychologie sowie die Architektursoziologie. Selbst die Physik anerkennt den Begriff «Chi», während die Semiotik betont, dass Architektur Kommunikation ist.

17) Was hat die Zahl Acht auf sich? Warum sind die Chinesen so verrückt danach?

Tatsächlich spielt die Acht in der chinesischen Kultur eine bedeutende Rolle. Auch bei uns hat sie eine gewisse Symbolik. Die Zahl entspricht den acht Trigrammen des I Ging, den acht Himmelsrichtungen, dem achtgliederigen Pfad der Buddhisten usw. Sie bedeutet Macht und Reichtum. Deshalb wünschen sich die Chinesen Konto-, Auto- und Telefonnummern mit möglichst vielen Achten: Sie sollen Glück bringen! Gleichwohl raten europäische Experten dazu, die Numerologie nicht zu stark zu gewichten.

18) Kann man aufgrund von Einrichtung, Mobiliar etc. Rückschlüsse auf die Bewohner ziehen?

«Am Neste kann man sehen, was für ein Vogel darin wohnt», lehrt uns ein deutsches Sprichwort. Die Wohnung ist wie eine dritte Haut. Wir richten sie nach unserem Geschmack ein, umgeben uns mit den Gegenständen, die wir lieben. Wir kreieren unsere eigene Symbolwelt.

19) Kann man das chinesische Feng Shui tel quel übernehmen?

Nein, natürlich nicht! Vor allem dann nicht, wenn wir mit Symbolen arbeiten. Wir haben einen andern kulturellen Hintergrund, reagieren auf andere Seelenbilder. Das traditionelle chinesische Feng Shui ist eher fatalistisch geprägt. Dies entspricht nicht unserer Denkweise. Aus diesem Grund entwickelte sich auch das «Europäische Feng Shui».

20) Gibt es bekannte westliche Firmen, die Feng Shui angewendet haben?

Ja, die gibt es! Darunter befinden sich auch Banken oder Versicherungen. Allerdings scheuen sie davor zurück, sich diesbezüglich zu «outen». Oft haben die Auftraggeber konkrete Anliegen (Förderung der Motivation, Konzentration und Kreativität der Mitarbeitenden) oder die Personalfluktuation soll gesenkt, die Absenzenrate verringert werden. Andere möchten die interne Kommunikation verbessern. Selbstverständlich spielt auch das Monetäre eine Rolle (bei Warenhäusern etwa die Erhöhung der Aufenthaltsdauer bzw. Kaufbereitschaft der Kunden). Man soll sich entspannt und wohl fühlen, der Einkauf im Geschäft X zum Erlebnis werden. Gewünscht wird ein «Return on investment» in die Feng Shui-Investition.

21) Warum wird im Feng Shui immer vom Entrümpeln gesprochen?

«Was leer ist, wird voll», lehrt uns Laotse. Tatsächlich ist der erste Schritt bei bestehenden Bauten die Entrümpelung. Die alte Energie muss weichen, damit sich die neue Energie ausbreiten kann. «Ich kann nichts in eine volle Tasse giessen.» Man muss zuerst loslassen, bevor man das Neue empfangen kann.

Epilog

Das Ideal

Ja, das möchste:
Eine Villa im Grünen mit grosser Terrasse,
vorn die Ostsee, hinten die Friedrichstrasse;
mit schöner Aussicht, ländlich-mondän,
vom Badezimmer ist die Zugspitze zu sehn –
aber abends zum Kino hast du's nicht weit.

Das Ganze schlicht, voller Bescheidenheit:

Neun Zimmer, – nein, doch lieber zehn!
Ein Dachgarten, wo die Eichen drauf stehn,
Radio, Zentralheizung, Vakuum,
eine Dienerschaft, gut gezogen und stumm,
eine süsse Frau voller Rasse und Verve –
(und eine fürs Wochenend, zur Reserve) –
eine Bibliothek und drumherum
Einsamkeit und Hummelgesumm.

Im Stall: Zwei Ponies, vier Vollbluthengste,
acht Autos, Motorrad – alles lenkste
natürlich selber – das wär ja gelacht!
Und zwischendurch gehst du auf Hochwildjagd.

Ja, und das hab ich ganz vergessen:
Prima Küche – erstes Essen –
alte Weine aus schönem Pokal –
und egalweg bleibst du dünn wie ein Aal.

Und Geld. Und an Schmuck eine richtige Portion.
Und noch ne Million und noch ne Million.
Und Reisen. Und fröhliche Lebensbuntheit.
Und famose Kinder. Und ewige Gesundheit.

Ja, das möchste!

Aber, wie das so ist hienieden:
manchmal scheints so, als sei es beschieden
nur pöapö, das irdische Glück.
Immer fehlt dir irgendein Stück.
Hast du Geld, dann hast du nicht Käten;
hast du die Frau, dann fehln dir Moneten –
hast du die Geisha, dann stört dich der Fächer:
bald fehlt uns der Wein, bald fehlt uns der Becher.

Etwas ist immer.
Tröste dich

Jedes Glück hat einen kleinen Stich.
Wir möchten so viel: Haben. Sein. Und gelten.
Dass einer alles hat:
das ist selten.

Kurt Tucholsky, 1927

Hoffnung

Es ist mehr als wünschenswert, dass die Architektur wieder zu einer ganzheitlichen Sicht gelangt, wir in der Folge von einer «Spiritualisierung der Architektur» sprechen könnten. Bauen zur Unterstützung und Förderung der Persönlichkeit? Der Architekt als Heiler? Eine Utopie? Zumindest ein interessanter Ansatz!

Dank

An der Entstehung dieses Buchs waren viele Menschen beteiligt. Mein Dank gilt zunächst dem Orell Füssli Verlag, welcher bereit war, ja den Mut hatte, meinen Erstling zu publizieren. Auch meine Lektorin, Karin Ammann, verdient Dank. Mit Geduld und Interesse hat sie das Manuskript bearbeitet. Ein Dankeschön gebührt allen Feng Shui-Schülern und -Schülerinnen sowie den Klienten und Klientinnen. Ihre Fragen, Aufgaben und Herausforderungen führten zu wichtigen Erkenntnissen.

Ein ganz besonderer Dank gilt meiner wundervollsten Lebenspartnerin Regula Wetter. Sie schafft mir den Raum, in dem ich derjenige sein kann, der ich wirklich bin. Ohne ihre Hilfe und Unterstützung wäre dieses Buch nie entstanden. Die fruchtbaren Diskussionen sowie der rege Austausch geben wertvolle Impulse, auch für die nächsten Publikationen!

Ausblick

Liebe Leserin, lieber Leser
Falls Ihnen dieses Buch gefallen hat, dürfen Sie sich auf die Fortsetzung freuen! 2008 erscheint im Orell Füssli Verlag ein weiteres Werk von Stefan Kessler, diesmal zu Feng Shui für Immobilienmakler. Informieren Sie sich auf der Homepage des Verlags: *www.ofv.ch*

Anhang

Angaben zum Autor

Stefan Kessler
Ganzheitliche Immobilienberatung
Haselächerstrasse 1
CH-8910 Affoltern am Albis
Tel.: ++41 (0)44 760 58 88
E-Mail: stefan.kessler@bluewin.ch
Internet: www.raumundmensch.ch

Literaturverzeichnis

Ansah: Geomantie – Die Kraft der Erde. Ludwig-Verlag, München 2002
Anthony Carol K. & Moog Hanna: I Ging – das Kosmische Orakel. Atmosphären-Verlag, München 2004
Bates Brian: Wyrd – Der Weg eines angelsächsischen Zauberers. Schriner Verlag, Darmstadt 2004
Beltramin Guido & Padoan Antonio: Andrea Palladio – Bildatlas zum Gesamtwerk. Hirmer Verlag, München 2002
Berendt Joachim Ernst: Nada Brahma – Die Welt ist Klang. Insel Verlag, Frankfurt am Main 1983
Biedermann Hans: Knaurs Lexikon der Symbole. Weltbild-Verlag, Augsburg 2000
Birkenbihl Vera F.: Zahlen bestimmen Ihr Leben. mvg-paperbacks, München 1995
Böhme Gernot: Architektur und Atmosphäre. Wilhelm Fink Verlag, München 2006
Bradler, Chrstine M. & Scheiner Joachim A.P.: Feng Shui Symbole des Ostens. Schirner-Verlag, Darmstadt 1999
Bradler Christine M. & Scheiner Joachim A.P.: Feng Shui Symbole des Westens. Schirner-Verlag, Darmstadt 1999
Brown Simon G.: Chi Energy. Arbeitsbuch. Südwest-Verlag, München 2005
Brown Simon: Feng Shui Berufs-Praxis. Urania-Verlag, Neuhausen am Rheinfall 2000
Brown Simon: Feng-Shui-Lösungen. Arkana-Verlag, München 2001
Brown Simon: Grundkurs Feng Shui. Weltbild-Verlag, Augsburg 2002
Buess Lynn: Zahlen als Schlüssel zum Selbst. Bauer-Verlag, Freiburg im Breisgau 1993
Capra Fritjof: Das Tao der Physik. Knaur-Verlag, München 1997

Charpentier Louis: Die Geheimnisse der Kathedrale von Chartres. Gaia Verlag, Köln
Chen Chao-Hsiu: Feng Shui. Heyne-Bücher, München 1996
Chen Chao-Hsiu: Tao Te King – das geheimnisvolle Buch des Lao Tse neu interpretiert. Ullstein Verlag, Berlin 2005
Chia Mantak: Gesundheit, Vitalität und langes Leben. Ullstein Verlag, Berlin 2004
Chiazzari Suzy: Das grosse Farbenbuch. Arkana-Verlag, München 1998
Chuen Lam Kam: Das Feng Shui-Handbuch. Joy-Verlag, Sulzberg 1996
Cohen Jean-Louis: Le Corbusier. Taschen-Verlag, Köln 2004
Constant Caroline: The Palladio Guide. Princeton Architecural Press, New York 1993
Cozzi Steve: Die Astrologie des Standortes. Chiron Verlag, Mössingen 1993
Cream Penelope: Das Farbenbuch. arsEdition, München 2000
Crippa Maria Antonietta: Antoni Gaudí. Taschen-Verlag, Köln 2003
Dahlke Rüdiger & Klein Nicolaus: Das senkrechte Weltbild, Heinrich Hugendubel Verlag, München, 1992
Dschuang Dsi: Das wahre Buch vom südlichen Blütenland, übertragen und erläutert von Richard Wilhelm. Eugen Diederichs Verlag, Düsseldorf/Köln 1969
Eberhard Wolfram: Lexikon chinesischer Symbole. Buchclub Ex Libris, Zürich 1985
Eco, Umberto: Einführung in die Semiotik. W. Fink UTB, München 2002
Evelegh Tessa: Colour – Die richtigen Farben für harmonisches Wohnen. Callwey-Verlag, München 2000
Evers Bernd, Christian Freigang, Alexander Grönert, Christoph Jobst, Jarl Kremeier, Gilbert Lupfer, Jürgen Paul, Carsten Ruhl, Paul Sigel & Jürgen Zimmer: Architektur-Theorie – von der Renaissance bis zur Gegenwart. Taschen-Verlag, Köln 2006
Fingerhuth Carl: Learning from China – Das Tao der Stadt. Birkhäuser, Basel 2004
Fischer-Rizzi Susanne: Botschaft an den Himmel. Heyne-Buch, München 1996
Flade Antje: Wohnen – psychologisch betrachtet. Hans Huber Verlag, Bern 1987
Forssman Erik: Palladio – Werk und Wirkung. Rombach Verlag, Freiburg im Breisgau 1999
Frohmann Erwin: Gestaltqualitäten in Landschaft und Freiraum. Österreichischer Kunst- und Kulturverlag, Wien 2000
Frohmann Erwin & Doblhammer Rupert: Schönbrunn – Eine vertiefende Begegnung mit dem Schlossgarten. Ennsthaler GmbH Co. KG, Steyr 2005
Gärtner Brigitte: Feng Shui Glücksbringer. Windpferd, Aitrang 2001
Gimpel Jean: Die Kathedralenbauer. Deukalion Verlag, Holm 1996
Glancey Jonathan: Geschichte der Architektur. Dorling Kindersley Verlag, Starnberg 2006
Golowin Sergius: Paracelsus. Gondrom Verlag, Bindlach 1997
Grigg Ray: Das Tao des Seins – Ein Arbeitsbuch zum Denken und Handeln. Junfermann Verlag, Paderborn 1996
Guex-Joris & Tasnady Marta: Die Schildkröte erreichte das Abendland. Organischer Landbau Verlag, Xanten 1999

Guter Josef: Lexikon der Götter und Symbole der alten Chinesen. Matrixverlag, Wiesbaden 2004
Hermes Trismegistos: Die XVII Bücher des Hermes Trismegistos. ORA Verlag, München 1964
Harner Michael: Der Weg des Schamanen. Ullstein Verlag, Berlin 2004
Hartmann Franz: Theophrastus Paracelsus von Hohenheim. Calw: Bücher des Schatzkammer Verlag Hans Fändrich 1899
Heinz-Mohr Gerd: Lexikon der Symbole (Christliche Kunst). Buchclub Ex Libris, Zürich 1982
Hörler Rana Shaubhavati: Schamanismus als Quelle von Feng Shui. Falk-Verlag, Seeon 2004
Hsia Adrian: Hermann Hesse und China. Suhrkamp, Frankfurt am Main 2002
Jacobi Jolande: Vom Bilderreich der Seele. Walter-Verlag, Olten 1981
Javane Faith & Bunker Dusty: Zahlenmystik – Das Handbuch der Numerologie. Goldmann Esoterik, München 1991
Jordan Harald: Orte heilen. Knaur Menssana, München 2004
Jordan Harald: Räume der Kraft schaffen. Verlag Hermann Bauer, Freiburg im Breisgau 1997
Jung Carl Gustav: Der Mensch und seine Symbole. Buchclub Ex Libris, Zürich 1976
Jung Carl Gustav: Erinnerungen Träume Gedanken. Buchclub Ex Libris, Zürich 1976
Jung Carl Gustav: Mensch und Seele. Buchclub Ex Libris, Zürich 1971
Jung Carl Gustav: Über Synchronizität. Buchclub Ex Libris, Zürich 1971
Karcher Stephen: Das I Ging. Aurum-Verlag, Bielefeld 2004
Kayser Hans: Akroasis – Die Lehre von der Harmonik der Welt. Schwabe & Co Verlag, Basel/Stuttgart 1976
King Serge Kahili: Der Stadt-Schamane. Lüchow-Verlag, Berlin 1991
King Serge Kahili: Instant Healing Jetzt!. Lüchow-Verlag, Berlin 2001
Kingston Karen: Feng Shui gegen das Gerümpel des Alltags. Rowohlt Taschenbuch Verlag GmbH, Reinbek 2003
Kingston Karen: Heilige Orte erschaffen mit Feng Shui. Econ-Taschenbuch, München 2000
Kuno Naomi: Colors in Context. Graphic-Sha, Tokyo 1999
Küppers Harald: Das Grundgesetz der Farblehre. Dumont, Köln 2004
Küppers Harald: DuMont's Farbenatlas. Dumont, Köln 2003
Laotse: Tao te King, übersetzt von Richard Wilhelm. Anaconda Verlag, Köln 2006
Lewis Jim & Guttman Ariel: Astro*Carto*Graphy Atlas. Edition Astrodata, Wettswil 1990
Lewis Jim & Irving Kenneth: Astro*Carto*Graphy: Die Magie des Ortes. Edition Astrodata, Wettswil 1999
Liä Dsi: Das wahre Buch vom quellenden Urgrund, übertragen und erläutert von Richard Wilhelm. Eugen Diederichs Verlag, Düsseldorf 1967

Lim Jes T.Y.: Feng Shui für Büro und Business. Econ Ullstein List Verlag (Intgegral), München 2000

Linn Denise: Die Magie des Wohnens. Arkana-Verlag, München 1996

Lipczinsky Margrit & Boerner Helmut: Büro, Mensch und Feng Shui. Callwey Verlag, München 2000

Lipczinsky Margrit & Boerner Helmut: Shop Design für erfolgreiche Läden. Callwey Velag, München 2001

Löbbert Franz J.: Feng Shui für Manager. Wirtschaftsverlag Langen Müller, München 2001

Lurker Manfred: Wörterbuch der Symbolik. Alfred Körner-Verlag, Stuttgart 1983

Mende Gudrun: Farbe und Feng Shui. Callwey-Verlag, München 2004

Merz Blanche: Orte der Kraft in der Schweiz. AT Verlag, Aarau 1998

Micrea Eliade: Schamanismus und archaische Ekstasetechnik. Suhrkamp-Taschenbuch, Frankfurt 1975

Millman Dan: Die Lebenszahl als Lebensweg. Ansata-Verlag, München 2000

Mitscherlich Alexander: Die Unwirtschaftlichkeit unserer Städte. Suhrkamp, Frankfurt am Main 1996

Moogk Olivia: Feng Shui – Neun erfolgreiche Strategien für Gewinner. Silberschnur-Verlag, Güllesheim 2000

Moogk Olivia: Geheimsymbolik des Feng Shui. Silberschnur-Verlag, Güllesheim 1999

Naredi-Rainer Paul: Architektur und Harmonie. DuMont Buchverlag, Köln 1982

Newerla Barbara & Newerla Peter: Strahlung und Elektrosmog. Verlag Neue Erde, Saarbrücken 2002

Oesterreicher-Mollwo Marianne: Herder Lexikon Symbole. Herder-Verlag, Freiburg im Breisgau 1978

Pennick Nigel: Handbuch der angewandten Geomantie. Verlag Neue Erde, Saarbrücken 1997

Pennik Nigel & Devereux, Paul: Leys und lineare Rätsel in der Geomantie, M&T Edition Astroterra, Chur/St. Gallen/Zürich 1991

Pogacnik Marko: Schule der Geomantie, Knaur Esoterik, München 1996

Pohle Rita: Feng Shui für die Seele. Ariston-Verlag, Kreuzlingen 2005

Pohle Rita: Lebensräume gestalten mit Feng Shui. Heinrich Hugendubel Verlag, Kreuzlingen (Irisiana) 1998

Pohle Rita: Weg damit! Business ohne Ballast – Entrümpeln am Arbeitsplatz. Heinrich Hugendubel Verlag, Kreuzlingen (Ariston) 2002

Pohle Rita: Weg damit! Die Liebe befreien – Wie Sie Ihre Beziehung befreien. Heinrich Hugendubel Verlag, Kreuzlingen (Ariston) 2004

Pohle Rita: Weg damit! Die Seele befreien. Heinrich Hugendubel Verlag, Kreuzlingen (Ariston) 2003

Pohle Rita: Weg damit! Entrümpeln befreit. Heinrich Hugendubel Verlag, Kreuzlingen (Ariston) 2001

Prignitz Eva & Petra Ruf: Das Feng Shui-Lexikon. Ludwig-Verlag, München 2001
Prochazka Reinhard: Wenn Wasser und Feuer sich begegnen. Joy-Verlag, Sulzberg 2004
Purner Jörg: Radiästhesie – Ein Weg zum Licht?. Edition Astrodata, Wettswil 1994
Reiter Florian C.: Lao-tzu – Eine Einführung. Panorama, Wiesbaden 2005
Renetzeder Ilse: Feng Shui – Die Liebe kommt durch die Türe. Mein Buch, Hamburg 2003
Renetzeder Ilse: The True Spirit of Feng Shui. Oktogon-Verlag, Düsseldorf 1997
Richter Peter G.: Architekturpsychologie. Pabst Science Publishers, Lengerich 2004
Rollé Dominik F.: Elektrosmog. AT-Verlag, Aarau 2003
Rollé Dominik F.: Simpl I-Ging. AT Verlag, Aarau 2002
Rossbach Sarah: Feng Shui – die chinesische Kunst des gesunden Wohnens. Knaur, München 1989
Rossbach Sarah & Yun, Lin: Feng Shui, Farbe und Raumgestaltung. Knaur, München 1996
Ruland Jeanne: Feen, Elfen, Gnome. Schirner-Verlag, Darmstadt 2004
Ruland Jeanne: Krafttiere – begleiten Dein Leben. Schirner-Verlag, Darmstadt 2004
Rybczynski Witold: Das vollkommene Haus. Berliner Taschenbuch Verlag, Berlin 2006
Sator Günter: Feng Shui – Garten für die Sinne. Gräfe und Unzer Verlag, München 2002
Sator Günter: Feng Shui – Harmonisches Wohnen mit Pflanzen. Gräfe und Unzer Verlag, München 2000
Sator Günter & Meyer Hermann: Besser leben mit Feng Shui. Heinrich Hugendubel Verlag (Irisiana), München 1997
Schäfers Bernhard: Architektursoziologie, Grundlagen – Epochen – Themen. VS Verlag für Sozialwissenschaften, Wiesbaden 2006
Schimmel Annemarie & Endres, Franz Carl: Das Mysterium Zahl. Diederichs Gelbe Reihe, Kreuzlingen/München 1984
Schmidt Karl Otto: Tao-Teh-King – Weg-Weisung zur Wirklichkeit. Drei Eichen Verlag, Ergolding 1990
Spear William: Die Kunst des Feng Shui. Knaur-Verlag, München 1996
Schwarz Ernst: So sprach der Meister – Altchinesische Lebensweisheiten. Weltbild Verlag, Augsburg 1998
Stege Fritz: Musik, Magie, Mystik. Otto Reichl Verlag, Remagen 1961
Störing Hans Joachim: Kleine Weltgeschichte der Philosophie. Fischer Taschenbuchverlag, Frankfurt am Main 2006
Stössel Rudolf: Kleine Einführung in die Pythagoreische Harmonik. Freie pädagogische Akademie, Affoltern am Albis 1984
Sullivan Erin: Angewandte Astro*Carto*Graphy. Chiron Verlag, Tübingen 2002
Thompson Angel: Feng Shui in der Praxis. Edition Astroterra, Wettswil 1997
Tietz Jürgen (Hrsg.): Was ist gute Architektur? 21 Antworten. Deutsche Verlags-Anstalt, München 2006
Too Lillian: Das grosse Buch Feng Shui. Könemann-Verlag, Köln 2000

Too Lillian: Das grosse Buch des Feng Shui. Delphi bei Droemer Knaur, München 1998

Tschuang-Tse: Der Mann des Tao und andere Geschichten, übertragen von Thomas Merton. Goldmann Arkana, München 2005

Tucholsky Kurt: Theobald Tiger, Berliner Illustrierte Zeitung, 31.07.1927

Van der Meulen Jan & Hohmeyer Jürgen: Chartres – Biographie der Kathedrale. DuMont, Köln 1984

Van Osten René: Das grosse I Ging Lebensbuch. Windpferd Verlagsgesellschaft, Aitrang 1997

Walters Derek: Chinesische Astrologie. M&T Edition Astroterra, Zürich 1990

Walters Derek: Feng Shui – Kunst und Praxis der chinesischen Geomantie. Edition Astrodata, Wettswil 1994

Walters Derek: Ming Shu – Kunst und Praxis der chinesischen Astrologie. M&T Edition Astroterra, Zürich 1987

Watts Alan: Das Tao der Philosophie. Insel Taschenbuch, Frankfurt am Main 2004

Watzlawik Paul: Anleitung zum Unglücklichsein – Vom Schlechten des Guten. Piper München, Zürich 2001

Welsch Norbert & Liebmann Claus Chr.: Farben – Natur Technik Kunst. Spektrum Akademischer Verlag, München 2006

Werlitz Jürgen: Das Geheimnis der heiligen Zahlen. marixverlag, Wiesbaden 2004

Wilhelm Richard: I Ging – das Buch der Wandlungen. Heinrich Hugendubel Verlag, München 1988, oder marixverlag, Wiesbaden 2004

Yen Mah, Adeline: Das spirituelle Wissen Chinas. Albatros, München 2003

Yutang Lin: Weisheit des lächelnden Lebens. Insel Taschenbuch, Frankfurt am Main 2004

Zimmermann Georg: I Ging – Das Einführungsbuch. Heinrich Hugendubel Verlag, Kreuzlingen 1999

Zumstein Carlo: Schamanismus. Diederichs Kompakt, Kreuzlingen 2001

Zumthor Peter: Architektur Denken. Birkhäuser, Basel 2006

Links

www.wikipedia.org

Das Tao Te King von Lao Tse; Textvergleiche:
http://home.pages.at/onkellotus/Menu/TextVergleichIndex.html

Lao Tse: Tao Te King, Neufassung und Nachdichtung von Kirchner Bodo, Salzburg 2000:
http://gutenberg.spiegel.de/laotse/taotekin/taotekin.htm